„Die Anderswelt ist eine menschliche Vorstellung dessen, das 'Jenseits' liegt - aber doch noch innerhalb einer gewissen Reichweite. Wie wir gesehen haben, erfolgt der Zugang nicht direkt, sondern absichtslos, an den Bruchstellen der Zeit, auf verschlungenen Umwegen und Irrfahrten übers Meer durch tranceartige Zustände, Nacht oder Nebel. Vergleichbare Jenseitsfahrten hat es in allen Kulturen und zu allen Zeiten gegeben."

Marita Lück

Bibliothek der Anderswelt

Herausgegeben von Marina Grünewald

Marina Grünewald (Hrsg.)

SCHAMANINNEN

Smaragd Verlag

"Das Material in diesem Buch ist allein darauf ausgerichtet, Frauen ein Gefühl für die ihnen innewohnende Stärke zu vermitteln. Um Zugang zu dieser Stärke zu finden, muß man weder einen besonderen Bildungsgrad besitzen noch einer bestimmten gesellschaftlichen oder finanziell wohlsituierten Schicht angehören - genaugenommen ist eine aufgepfropfte Korrektheit jedweder Art eher ein Hindernis, wenn es um die Freilegung der Wildnatur geht. Also laßt uns umkehren und zum Instinktwissen der Wilden Alten zurückfinden. Laßt die Wilde Frau auferstehen, laßt den tiefen, frohen Gesang der Alten hören und ihr herzliches Lachen.

Worum es hier geht, ist ganz einfach: Ohne uns stirbt die Wilde Frau. Und ohne die Wilde Frau verkümmern wir mehr und mehr. Para Vida! Um das Leben auszukosten, brauchen wir uns gegenseitig."

Clarissa Pinkola Estés

Erstausgabe September 1999

Titelbild:
XPresentation Stefan Huber, Boppard, unter Verwendung eines Bildes von Susan Seddon Boulet
Layout und Gestaltung
Bertram Wallrath
Satz
DTP-Service-Studio, Rheinbrohl
Druck
Kossuth Printing AG, Budapest
ISBN 3-926374-78-0

Inhaltsverzeichnis

"Dieses Buch enthält Frauengeschichten, die den Seelenweg der Frau wie Wegweiser im Dickicht markieren. Um es gleich zu sagen: Die Pforten zur Welt des Wilden Selbst sind rar, aber von hohem Wert. Wenn du eine tiefe Narbe zurückbehalten hast, dann ist das eine Tür. Wenn du eine ururalte Geschichte kennst, dann ist das eine Tür. Wenn du den Himmel und den Ozean so sehr liebst, daß es dir das Herz auseinandersprengt, dann ist das eine Tür. Wenn du dich nach einem tieferen Leben, einem vor Fülle berstenden Leben sehnst, ist das eine Tür.

Clarissa Pinkola Estés

Dina Rees

Gayan Silvie Winter: Gott ist Liebe

Gespräch mit Dina Rees

Dina Rees studierte zunächst Medizin in Prag und nach dem Zweiten Weltkrieg in Tibet, Indien, China, den Philippinen, Indonesien und anderen Ländern alternative Heilmethoden und Alchemie. Als ayurvedische Ärztin bereiste sie viele Jahre wieder Tibet, Indien und den Himalaja, sie besuchte spirituelle Meister des Ostens und lernte bei ihnen.

Dann ging sie nach Peru, Bolivien, Mexiko und Nordamerika und beschäftigte sich dort mit schamanistischer und indianischer Medizin. So liegen nun über 35 Jahre der Forschung, der Reisen, des Studiums und der Arbeit mit Menschen hinter ihr. Noch heute reist sie in alle Welt, war kürzlich erst wieder in China und Rußland. Dina hält Seminare und Workshops in Deutschland.

Es erschienen zwei Bücher, "Menschwerden" und "Nimm mein Herz". Außerdem publizierte sie über Themen wie chinesische und tibetische Philosophie.

Die Begegnung mit Dina war unglaublich. Ich hatte noch nie eine Frau getroffen, von der ich hätte sagen können, "das ist die Verkörperung unserer wahren Mutter, unserer Mutter Erde!"

Die Energie während unseres Gesprächs war so "high", daß ich Angst hatte, das Tonband würde nicht aufnehmen, was teilweise auch geschah!

Dinas Gegenwart allein kann Heilung, Trost, Verständnis, Hoffnung und Liebe geben.

G. W.: Es geht um die neuen Priesterinnen dieses Zeitalters, um die Kräfte der Frau. Wir müssen jetzt endlich aufwachen! Sind wir Zeugen einer neuen Entwicklung?

D. R.: Ja, wir haben eine spirituelle Evolution erlebt, wir haben einen großen Bewußtseinssprung gemacht, einen Phasensprung in unserem Bewußtsein.

Und nun werden wir zum göttlichen Mutteraspekt geführt, so daß wir alle "Mütter" werden können auf dieser Erde, ganz gleich, ob Mann oder Frau - denn nur das kann unsere Erde noch retten! Der mütterliche Aspekt in uns ist das Liebende, das Annehmende, das Verzeihende, das Wiedergutmachende - und das ist jetzt so wichtig.

Es ist notwendig, daß dieser mütterlicher Aspekt Mutter, Vater *und* Sohn umfaßt. Zuerst war der Vater-Aspekt wirksam und dann der Sohn-Aspekt, und jetzt ist es der Mutter-Aspekt. Um eben diese Muttergottheit geht es wieder, sie symbolisiert für mich das Erwachen in dieser Zeit.

G. W.: Dina, ich finde, Sie verkörpern diese Mutter sehr total. Sie sind für mich die Mutter!

D. R.: Ja, sogar oder gerade die Kinder nennen mich so mit einer Zärtlichkeit, die mich immer wieder erschüttert. Und eben auch die Armen und Kranken, die mich brauchen, nennen mich Mutter. Ich glaube, daß Gott jemanden schickt, der dann auch zur rechten Zeit kommt, wo wir Menschen in einer so extremen Grenzsituation leben wie heute.

Ich habe große Ehrfurcht vor dem Leiden der Menschen, es ist immer Schicksal. Aber man sollte es nicht kultivieren oder daran festhalten. Das Leid ist ein Tor zur Erkenntnis und zum Mensch-sein.

Die Natur hat vier Jahreszeiten, nicht nur einen Frühling und einen Sommer. Sie kennt auch Herbst und Winter. In früheren Zeiten hieß der Winter in manchen Ländern auch “Depression”. Wir können nicht nur immer Frühling und Sommer erleben, wir brauchen auch den Herbst, der uns kräftig durchschüttelt, damit ein paar Blätter unserer Eitelkeit abfallen, und wir brauchen auch den Winter mit Frost und Kälte, wo wir uns besinnen auf das, was uns wirklich wichtig ist, und wo unsere heißen Wünsche und drängenden Begierden “absterben”.

Wie wunderbar ist dann die Auferstehung! Die Begegnung mit dem Herzen eines anderen Menschen. Wir werden dankbar und bescheiden, die Liebe lehrt es uns.

Ich war in meinem Leben schon einmal fast am Ende, und da gab es nur noch die Liebe und Gott für mich.

Dies erfahren zu dürfen ist wunderbar, alles fällt ab, was nicht wichtig ist, und dann erkennt man, daß Liebe Gott bedeutet, das Göttliche, die göttliche Energie!

Denn es gibt wirklich nur die Liebe als Heilkraft, und wer der Liebe folgt, kann nicht in die Irre gehen. Die Liebe ist eine Brücke, und selbst wenn die Menschen es miteinander schwer haben und gegeneinander kämpfen, können wir immer noch über diese Brücke zueinander finden.

Und darauf kommt es in unserer Zeit ganz besonders an, diesen Aspekt der Liebe, der mütterlichen Liebe, wieder neu zu finden und zu leben.

G. W.: Dina, wenn ich Sie ansehe, dann sehe ich auch eine indianische Schamanin. Haben Sie viel mit indianischen Lehrern gearbeitet?

D. R.: Ja, ich war in Peru, in den Anden, in Bolivien, in Nordamerika, und man sagte an verschiedenen Orten zu mir: „Schwester, du bist wiedergekommen!"

Ich habe schamanistische Medizin studiert, und es war für mich hochinteressant, diese Kräfte kennenzulernen. Mein Weltbild veränderte sich durch dieses neue Wissen vollkommen.

Als Schamanin erhielt ich auch einen neuen Namen und bekam eine weiße Haube geschenkt. Das war Teil eines wundervollen Einweihungserlebnisses für mich. Aber darüber darf ich nicht weiter sprechen. Diese Menschen haben eine völlig natürliche Beziehung zu unserer Mutter Erde, sie verehren sie, sie beschützen sie, sie nehmen von der Erde, aber geben der Erde auch Energie zurück, sie beuten sie im Gegensatz zu uns nicht aus, dies ist einer der allerwichtigsten Aspekte ihres Glaubenssystems.

G. W.: Sie heilen Menschen allein durch Ihre Ausstrahlung von Liebe, von Verstehen, durch Ihre Aufmerksamkeit.

D. R.: Ja, es ist so wichtig, daß wir uns wirklich begegnen! Daß wir einander annehmen, so wie wir sind!

Aber zuerst müssen wir uns selbst annehmen, so wie wir im Augenblick sind, das ist immer der erste Schritt.

Und das ist es, was wir mit "Erwachsenwerden" bezeichnen. Die Liebe zu uns selbst zu entdecken und damit auch die Fähigkeit zu gewinnen, andere zu lieben!

Und dann beginnen wir auch, unsere innere Berufung zu fühlen, die Botschaft, die wir in uns tragen und die wir leben müssen. Denn die Wahrheit und die Liebe sind einfach, es ist unser Kopf, der alles so kompliziert macht.

So ist es auch mit den Heiligen in dieser Welt, ich bin einigen von ihnen begegnet, sie waren alle ganz einfach und unkompliziert, sie waren fröhlich und wie Kinder.

Sie waren heil, heilig, geheiligt durch ihre eigene Liebe! Erst neulich war eine Gruppe von Menschen bei mir. Sie fragten mich, wie ich es anstelle, daß sich alle so verjüngt fühlen, wenn sie wieder fortgehen, denn ich verbringe nicht viel Zeit mit jedem einzelnen Menschen.

Darauf habe ich geantwortet, es sei mein Herz, denn mein Herz ist unendlich, und es kennt keine Zeit. Die Zeit ist keine Begrenzung für das Herz.

Man kann stundenlang nur Blaba reden und in zehn Minuten das intensivste Gespräch führen. Selbst der innigste Kuß kann nur eine Sekunde dauern. Ich benötige nur zehn Minuten mit jedem Menschen, denn es kommt nicht auf die Länge der Zeitspanne an, sondern auf die Intensität und die Wachsamkeit. Mitgefühl ist, Geduld beim Zuhören zu haben.

Ich stelle meine innere Zeit auf unendlich, und diesen "Unendlichkeitsraum" nehmen alle wahr.

Mitgefühl ist nicht Anteilnahme oder Mitleid. Mitgefühl bedeutet, daß du für den anderen vollkommen da bist! Dann spielt die Uhrzeit keinerlei Rolle, dann werden zehn Minuten zur Unendlichkeit. Und man muß Achtung zeigen vor den Schmerzen der Menschen, denn jeder Mensch wählt das Leid, das er zu seiner Weiterentwicklung braucht. Es wirkt wie eine Läuterung für seine Seele.

G.W.: Haben Sie sich auch mit Reinkarnation beschäftigt?

D.R.: Ich habe keine Zeit dafür, ich kann mich nicht mit Reinkarnation beschäftigen. Für mich ist es wirksamer, im Augenblick zu bleiben, als in vergangene Leben zurückzukehren, denn wenn wir wirklich an einem Punkt angelangt sind, an dem wir ohne diese Hilfe nicht weiterkommen, dann geschehen "spontane" Rückerinnerungen. Denn unsere Seele beinhaltet alles, sie weiß alles, und dann geschehen diese Phänomene ganz von selbst.

Wichtiger als die alten Rastermodelle, Verhärtungen in Körper und Geist, die wir durch unsere Familie und unsere erstarrten toten Traditionen mitbekommen haben, abzulegen, erscheint es mir, bewußt anzuschauen und zu versuchen, diese Verpanzerungen im Hier und Jetzt zu lösen. Denn das sind die Dinge, die unser Leben schwermachen.

Spontane Rückerinnerungen können dabei von großer Hilfe sein, und wir dürfen darauf vertrauen, daß sie im rechten Moment auch eintreten.

G.W.: Ich fühle, daß wir Frauen im Moment eine ungeheure Verantwortung tragen, die uns immer noch nicht genügend bewußt ist.

D.R.: Es ist die Zeit gekommen, in der Mann und Frau wirklich wieder zusammenkommen können. Die Frau oder der mütterliche Aspekt hat einen großen Auftrag. Sie ist eine "Friedensbringerin". Es ist die besondere intuitive Intelligenz des Weiblichen, die der Erde die Möglichkeit geben wird, weiter zu bestehen.

Es ist zum Heil unseres Planeten, wenn wir uns zu unserem androgynen Wesen bekennen dürfen. Es darf keine

Beurteilungen und Verurteilungen mehr geben. Denn wir Frauen sind in dieser Hinsicht durch eine furchtbar harte Zeit gegangen. Jetzt müssen beide Teile, der männliche und der weibliche Aspekt, *gleichwertig* integriert werden!

Mann wie Frau mußten früher in Formen leben, die völlig unnatürlich waren, aber diese Beschränkungen waren für beide Geschlechter als "Lernprogramm" notwendig.

Wir müssen jetzt zu dem werden, war wir in Wirklichkeit bereits sind, zu hochkreativen, sensiblen, androgynen Wesenheiten!

Dadurch wird die Balance wiederhergestellt sein, die unser Planet so dringend zum Überleben braucht.

Das Leben besteht aus einer "Urmatrix", aus der alles geboren wird. Modelle, die mit dieser Urmatrix nicht in Harmonie stehen, sind nicht lebbar und müssen absterben.

G.W.: Dina, wie sehen Sie heute die Aufgabe der Kirchen bzw. der Religionen?

D.R.: Es gibt verschiedene Glaubensformen, und wir sollten alle von ihnen respektieren. Wenn Menschen meinen, der Weg ihrer Religion sei der einzig wahre Weg zu Gott, dann verleugnen sie damit die Wahrheit und die Einheit, die in allem Göttlichen liegt.

Die fehlende Toleranz gegenüber Andersgläubigen führt noch heute zu den schrecklichen Grausamkeiten, bei denen die Essenz, nämlich, daß Gott Liebe bedeutet, nicht zu spüren ist. Die Unterschiede in den Glaubensgemeinschaften bestehen vor allem in den Gedanken der Leute und deren daraus folgenden Vorurteilen. Die Verwirrung findet nur im Kopf statt, nicht im Herzen!

Ich kenne Gläubige verschiedenster Religionen, und ich habe mit allen gebetet. Das gemeinsame Gebet hilft, Trennungen zu überwinden und dadurch unsere gemeinsame innere Einheit zu erfahren. Es gibt nur EINEN Gott, eine Art von Göttlichkeit! Ein Herz kann in einer orthodoxen Kirche genauso gut beten wie in einem buddhistischen Tempel. Wie kann Gott allgegenwärtig sein, wenn wir glauben, ihn für uns und unsere Glaubensrichtung gepachtet zu haben! Vor Gott sind alle Religionen gleich.

Er sieht nicht auf die Formen, sondern in die Herzen! Dazu möchte ich eine Geschichte aus Rußland erzählen:

„Drei Mönche lebten ganz allein auf einer kleinen Insel. Der Bischof hörte von ihnen und erfuhr auch, daß sie nie die vorgeschriebene Liturgie feierten, sondern nur das Herzensgebet sprachen.

'Herr Jesus Christus, Sohn des lebendigen Gottes, erbarme Dich unser!'

Der Bischof nahm Anstoß daran. Er kam mit dem Schiff, um sie aufzusuchen. Er ermahnte sie eindringlich, die vorgeschriebenen Gebete zu sprechen. Die Mönche waren von seinem Besuch tief gerührt und versprachen, alles zu tun, was er ihnen aufgetragen hatte. Der Bischof reiste beruhigt wieder ab.

Als sein Schiff bereits auf hoher See war, hörte er auf einmal ein lautes Rufen, er schaute sich um und traute seinen Augen nicht!

Die drei Mönche kamen ihm über das Wasser nachgeeilt und riefen: 'Herr, wir haben schon wieder vergessen, was du uns gelehrt hast!' Der Bischof war zutiefst erschüttert und kniete nieder, betete und sprach zu ihnen: ‘Verzeiht mir, liebe Brüder, geht beruhigt nach Hause und betet wie bisher. Der Herr ist mehr mit euch als mit mir!’

G. W.: Welchen Rat können Sie den Menschen geben?

D. R.: Daß wir uns bemühen sollten, wirklich kreativ zu werden, daß wir versuchen sollten, unsere tiefsten Begabungen und Fähigkeiten zuzulassen und zu leben. Die Kreativität ist die wahre Natur der Menschen. Wir dürfen unser schöpferisches Element nicht länger gefangenhalten. Denn es verwandelt uns, es transformiert unser Leben! Es bedeutet auch, Verantwortung für uns und unser Leben zu übernehmen.

Wir dürfen auch nie die Gnade ausschließen... Unsere Mutter Erde wird uns korrigieren, und sie tut es bereits... Denken wir an AIDS, auch das ist eine Korrektur! Eine Korrektur, die aus der Weisheit der Natur entstanden ist. Es ist eine unglaublich große Chance für die gesamte Menschheit, denn wir sitzen alle im gleichen Boot! Keiner kann aussteigen, wir haben nur die Wahl, wirklich Mensch zu werden. Es muß mir erst schlecht gehen, bis ich begreife, wie gut es mir geht, ich muß erst ganz tief unten sein, bis ich merke, was für eine Kraft in mir steckt! Nur wenn ich einmal ganz am Boden war und dann meine göttliche Kraft in mir gefühlt habe, die alles überstrahlt und mir wieder auf die Beine geholfen hat, weiß ich, wer ich bin!

Dieses Leben ist nur ein Augenblick in einem unendlichen Dasein.

‘Schau, hier sind zwei Spuren im Sand, deine und meine. Wo du nur noch eine Spur siehst, da habe ich dich getragen, und du hast es gar nicht bemerkt', spricht Gott. Vor lauter falschen Vorstellungen bemerken wir die Liebe und Gnade Gottes nicht mehr! Wenn ein Mensch beginnt, seine Liebe zu Gott oder zum Göttlichen zu entwickeln, dann beginnt er zu spüren, daß auch er ein göttliches Wesen ist, und er beginnt zu begreifen, was "Gott" ist: die Erkenntnis der Unsterblichkeit.

Der Teil in uns, der göttlich ist, kennt keinen Tod. Die Seele ist ein Teil Gottes, der durch die Evolution geht, nur um wieder zum Zentrum der göttlichen Kraft zurückzukehren. Solange wir unsere Herkunft nicht erkennen, sind wir auch nicht bereit, die Wahrheit anzunehmen: daß die Weiterentwicklung des Menschen nur vom Menschen zu Gott führen kann.

Viele Menschen können diese Wahrheit nicht sehen, weil ihr Erkenntnisvermögen verdunkelt ist.

Wenn ich eine Scheibe schwarz einfärbe und sie dann gegen die Sonne halte, verschwindet die Sonne nicht. Aber ich sehe sie nicht mehr.

Wir sind durch unsere Polarität in der Lage, aus der Harmonie, aus dem Gesetz zu fallen, aber wir müssen es nicht.

Leiden hilft mir, meine Seele zu erfahren, zu erkennen, daß ich unsterblich bin, und dadurch entwickle ich die Fähigkeit, das Göttliche in mir zu finden. Und darum geht es in unserem ganzen Leben, es gibt nichts Wichtigeres!

SCHAMANINNEN -
in Mythen und Legenden

Frau Holle

Harald Braem

Frau Holle – die große Wettermacherin

Eine der bekanntesten Frauengestalten der deutschen Märchen- und Mythenwelt ist zweifelsohne Frau Holle.

Den frühesten Hinweis auf sie erfahren wir durch den Wormser Bischof Burchard. Er schrieb um das Jahr 1000: „Sie entläßt die Neugeborenen aus ihrem unterirdischen Reich, in dem sie auch die Seelen der Verstorbenen empfängt. Wenn sie die Kissen schüttelt, schneit es."

Mit ähnlichen Attributen versehen und durch weitere Facetten ergänzt, taucht Frau Holle, die in verschiedenen Regionen Deutschlands auch Holla, Hulda, Trude, Halga, Hild, Helga, Ella, Hellenia, Perchte oder Frau Pertha genannt wird, in vielen Sagen auf.

Die Brüder Grimm, die solche Überlieferungen aus dem Volksgut sammelten, lokalisierten den Schauplatz ihres Wirkens auf den hessischen Hohen Meißner, einen Tafelberg über dem Werratal südöstlich von Kassel. Durch sie wissen wir, daß Brunnen der Zugang zu ihrem Reich sind, daß sie Brot bäckt und Apfelbäume pflanzt und großen Wert auf eine natürliche Ordnung legt. Im Märchen von der Gold- und Pechmarie offenbart sich dieser Aspekt besonders deutlich. Das erste Mädchen, das auf ihre Worte hört, den Backofen leert, die Äpfel abschüttelt und der zugewiesenen Arbeit willig folgt, belohnt sie reichlich. Ihre verzogene, verlogene und faule Schwester aber, die nur auf ihren persönlichen Vorteil aus ist, bestraft sie gnadenlos. Genau betrachtet haben beide Mädchen (wie jeder Mensch) ihr

Schicksal selbst in der Hand: Goldmarie verhält sich positiv gegenüber den Anforderungen des Lebens, Pechmarie negativ. Frau Holle, die große Zauberin und “Mutter-Hexe”, reagiert lediglich auf die Art und Weise, wie man sich ihr gegenüber benimmt...

Ein anderes Märchen aus dem Harzland erzählt die gleiche Geschichte auf etwas andere Weise und unterstreicht drastisch den Grundgedanken von Fleiß – Belohnung / Faulheit – Strafe:

Frau Holle erscheint am Hahnenklee (dem berühmten Hexentanzplatz der Walpurgisnacht) drei Mädchen und fordert sie auf, den Felsbrocken zu kehren. Die ersten zwei sehen in dieser Arbeit keinen Sinn und rümpfen bloß die Nase. Die Dritte aber macht sich sofort bereitwillig ans Werk. Als Frau Holle wieder erscheint, lobt sie den Fleiß, segnet ihr gutes Herz und schenkt ihr am Hochzeitsmorgen eine silberne Wiege, die bis oben an mit Goldtalern gefüllt ist. Dieser Schatz wird niemals alle. Die anderen zwei Mädchen, die nicht auf Frau Holle hören wollten, werden von ihr verwünscht, ihr Leben lang zu keinem Mann zu kommen.

Über Frau Holles Teich berichten die Brüder Grimm:

Auf dem hessischen Gebirg Meißner weisen mancherlei Dinge schon mit ihren bloßen Namen das Altertum aus, wie die Teufelslöcher, der Schlachtrasen und sonderlich der Frau Hollen Teich. Dieser, an der Ecke einer Moorwiese gelegen, hat gegenwärtig nur vierzig bis fünfzig Fuß Durchmesser; die ganze Wiese ist mit einem halb untergegangenen Steindamm eingefasst und nicht selten sind auf ihr Pferde versunken.

Von dieser Holle erzählt das Volk vielerlei, Gutes und Böses. Weiber, die zu ihr in den Brunnen steigen, macht sie gesund und fruchtbar; die neugeborenen Kinder stammen aus ihrem Brunnen und sie trägt sie daraus hervor. Blumen, Obst, Kuchen, das sie unten im Teiche hat, und was in ihrem unvergleichlichen Garten wächst, teilt sie denen aus, die ihr begegnen und zu gefallen wissen. Sie ist sehr ordentlich und hält auf guten Haushalt; wenn es bei den Menschen schneit, klopft sie ihre Betten aus, davon die Flocken in der Luft fliegen. Faule Spinnerinnen bestraft sie, indem sie ihnen den Rocken besudelt, das Farn wirrt oder den Flachs anzündet; Jungfrauen hingegen, die fleißig abspinnen, schenkt sie Spindeln und spinnt selber für sie über Nacht, daß die Spulen des Morgens voll sind. Faulenzerinnen zieht sie die Bettdecken ab und legt sie nackend aufs Steinpflaster; Fleißige, die schon frühmorgens Wasser zur Küche tragen, in reingescheuerten Eimern, finden Silbergroschen darin. Gern zieht sie Kinder in ihren Teich, die guten macht sie zu Glückskindern, die bösen zu Wechselbälgen.

Jährlich geht sie im Land um und verleiht den Äckern Fruchtbarkeit, aber auch erschreckt sie die Leute, wenn sie durch den Wald fährt, an der Spitze des wütenden Heers.

Bald zeigt sie sich als eine schöne weiße Frau in oder auf der Mitte des Teiches, bald ist sie unsichtbar und man hört bloß aus der Tiefe ein Glockengeläut und finsteres Rauschen.

Forscht man weiter nach, so finden sich überall weitere Frau-Holle-Plätze: an der Weser und am Vogelsberg, in

Thüringen, Westfalen, Schleswig-Holstein und im Odenwald. An der Lahn existieren gleich zwei solcher Orte. Die beiden weitaus weniger bekannten Märchen als jenes der Brüder Grimm lauten:

Frau Holle und der Riese

In alten Zeiten wohnte Frau Holle auf der Hohen Kanzel an der Lahn. Eines Tages hatte sie sich einen Holunderbeerenbrei gekocht. Der würzige Duft zog durch die Äste der Bäume in die ungefügte Nase eines Riesen. Schnaubend kam er den Berg herauf, gierig gingen seine Augen rundum. Ungestüm ergriff er den Kessel mit beiden Händen, setzte ihn an seinen breiten Mund, kniff lüstern die Augen zusammen und leerte ihn mit einem Zug bis zur Hälfte. Doch der Brei war kochend, und der Riese verbrannte sich Lippen und Schlund. Zornig blies er in den glühendheißen Brei, um ihn zu kühlen. Aber sein Atem war stark wie Sturm, und das schwarze Gericht spritzte ihm ins Gesicht. Schadenfroh lachte Frau Holle. Das brachte den Riesen in Wut. Mit derben Fäusten packte er Kessel und Töpfe, zerbrach sie und schleuderte sie den Berg hinunter. Heute noch liegen die Trümmer am Hang der Kanzel, ein wirrer Haufen von Steinen. Nur Messer- und Gabelkörbchen der Frau Holle blieben verschont. Sie versteinerten im Laufe der Zeit und bilden den oberen Teil des Berges.

Das zweite Märchen erzählt eine andere Variante:

Der Hollerich

In der Nähe des Klosters Arnstein liegt der Hof Hollerich; sein Name erinnert an Frau Holle:

Auf einer Bergspitze sitzt oft eine Zauberin, die den nächtlichen Wanderer ängstigt und schreckt. In manchen Nächten erglüht der Felsen in seltsamem Feuer, und weithin schimmert ein bleicher Schein.

Plätze wie diese wurden von jeher von der Bevölkerung verehrt und lange Zeit über als sogenannte "Hexentanzplätze" genutzt. Man brachte der "Erdmutter Frau Holle" Geschenke – zumeist Brot, Eier und Bier -, um sie milde zu stimmen und um gutes Wetter zu bitten. Frau Holle galt nämlich vor allem als zauberkundige Wettermacherin und "Mutter aller Hexen".

Es sind Dokumente erhalten, zum Beispiel über jenen Hollerich an der Lahn, den Hexentanzplatz bei Hahnenklee im Harz und den Malberg bei Montabaur im Westerwald, wo ein "wildes Weib" zu Hause gewesen sein soll. In ihnen werden der weit verbreitete Volksglaube und die nächtlichen Rituale genauestens beschrieben: Liebespaare trafen sich dort und steckten sich gegenseitig die Ringe an, noch bevor sie offiziell in der Kirche den Bund fürs Leben schlossen; Frau Holle wurde um Kindersegen gebeten, man tanzte rund ums Hollenfeuer und brachte Heilwasser aus den Quellen hinab in die Dörfer.

In manchen Berichten führt Frau Holle einen Zug Kinder an, weshalb es Versuche gab, ihr im kirchlichen Sinne das "Fest der unschuldigen Kindlein" (28.12.) zuzuordnen. Im Norden Deutschlands gilt sie mitunter als Zwergenkönigin oder “Königin der Heimchen”, die “Unterirdischen” sind ihre Gefolgschaft. Quellen, Teiche und Brunnen sind ihr Zuhause, oder besser: die Eingangstore zu ihrem unterirdischen Reich, das von jedem betreten werden darf, der guter Gesinnung ist. Wer ihr dort fleißig dient, wird reich belohnt, Faule und Mißgünstige aber werden hart bestraft.

Überhaupt scheint sie über die Natur zu wachen, denn sie segnet die Felder, läßt das Getreide wachsen und schützt die Tiere. Katzen, Störche, Frösche und Marienkäfer sind ihre Diener und Helfer. Die Fäden des Altweibersommers wurden früher “Fäden vom Schleier der Frau Holle” genannt. In manchen Märchen sitzt sie spinnend (wie die drei germanischen Nornen) unter einem Baum, in dem die noch ungeborenen Kinder verborgen sind, oder im Holundergesträuch, um dem vorüberziehenden Wanderer einen Herzenswunsch zu erfüllen. Mit “Hollenfahrten” wurde das Nachtwandeln bezeichnet, das Eintauchen in einen außermenschlichen Bereich beziehungsweise in die Jenseitswelt. Personen, die sich in einem solchen, der schamanistischen Trance ähnlichen Zustand befanden, konnten zwar ohne Gefahr Hausdächer oder steile Felswände besteigen, sie stürzten aber sofort ab, wenn man sie anrief. Frau Holle ist eine Gestalt mit vielen Gesichtern...

All diese Dinge weisen darauf hin, daß die Frau-Holle-Märchen viel älter als das Christentum sind. Es muß sich um einen Archetypus handeln, um den herum sich Attribute unserer alten heidnischen Religion ranken. Sprachforscher haben herausgefunden, daß die Worte Holle, Hölle und Höhle einer gemeinsamen Wurzel entstammen, bei genauer Betrachtung eigentlich das gleiche bedeuten und sich von der germanischen Erd-, Fruchtbarkeits- und Totengöttin Hel ableiten. Ihr Reich war die Unterwelt, die Welt der Verstorbenen und noch nicht geborenen Seelen. Auch der Begriff Walhal oder Walhalla weist auf diesen Sinnzusammenhang hin – nach Walhal zogen die Seelen der in der Schlacht gefallenen Krieger, und es gab Zeiten im Jahr, die sogenannten "Rauhnächte", da mußten die Menschen zu Hause bleiben und ihre Türen fest verriegeln, weil das wilde Heer (Wodans wilde Jagd) unterwegs war. Die christlichen Feiertage Allerseelen und der Totensonntag erinnern noch deutlich an diese Vorstellung. Hel war aber nicht nur die alte Erdmutter und große Göttin, sondern zugleich auch ein Synonym für ihr unterirdisches Totenreich. Noch das Mittelalter kannte den Begriff "den Hel-Weg reiten" beziehungsweise "den Hel-Weg fahren", womit man den Weg meinte, den der Leichenzug nahm. Wenn wir heute als davon abgeleitetes Idiom "zur Hölle fahren" sagen, wünschen wir jemandem den Tod.

Wie kam es aber nun vom Totenreich Hel zum Begriff Hölle? In der Zeit gewaltsamer Christianisierung wurde die alte Erdmutter von einer patriarchalisch orientierten Gottesvorstellung verdrängt, Frau Hel beziehungsweise Frau Holle ins dunkle Erdreich zurückgedrängt, ihr Wesen (das ja ursprünglich schöpferisch und lebensspendend war) auf die düstere, böse Seite als Vernichterin reduziert. In der von den Christen mit vielerlei Schrecken dämonisierten Hölle saß nun die alte Erdmutter des heidnischen Glaubens als "des Teufels Großmutter" und war von nun an ausschließlich für die Schattenseite des Lebens zuständig, während die andere, lichte Hälfte ihrer Person zur tugendhaft reinen Mutter Maria avancierte. Die holde, huldsame Frau und die Un-holdin wurden in einem Akt angewandter Schizophrenie aus der ursprünglichen Ganzheit der großen Erdmutter herauspolarisiert. Frau Holle war von nun an für Schadenzauber, Unwetter (Schneeflocken aus den Betten schütteln) und das Erschrecken von verirrten Wanderern zuständig. Die ursprünglich auch lebensspendende Seite ihres Wesens äußerte sich nur noch im Märchen (Märchen sind häufig kollektive Erinnerungen an vorgeschichtliche Ereignisse und Glaubensvorstellungen!), in dem Frau Holle die neugeborenen Kinder aus dem Froschteich holt und von einem anderen Tiergehilfen, dem Storch, zu den Menschen tragen läßt.

Höhle, Hel, Hölle, Walhalla, Frau Holle bedeuteten früher also durchaus das gleiche. In dem Archetypus schlummern noch die steinzeitlichen Vorstellungen vom Charakter der großen Ur- und Erdmutter. Archäologen, Märchen- und Mythenforscher konnten diesen Zusammenhang an vielen Stellen des alten Europas eindrucksvoll an vorzeitlichen Kulthöhlen nachweisen. In einigen dieser über lange Zeiträume hinweg zum Kult genutzten Höhlen fanden sich – außer Samen von Heilkräutern – auch vertrocknete Beeren des Holunders. Besonders diese Pflanze, die in manchen Regionen auch Holler oder Holderbusch genannt wird, war der Frau Holle heilig. Der gekochte Saft der Beeren gilt noch heute als wirksames Mittel gegen Erkältungen und Fieber. Den Zweigen schrieb man (ähnlich der Haselnuß) zauberische Wirkung zu: sie können angeblich das Wasser spüren, weshalb man sie als Wünschelrute nutzte beziehungsweise als ein Werkzeug, um verborgene Schätze aufzuspüren.

Ein Besuch bei Frau Hel in der Höhle/Hölle berührt immer Leben und Tod, ein Eintauchen in ihre Welt stellt eine Mutprobe und bewußtseinserweiternde Einweihung in den ganzheitlichen Zyklus von Geborenwerden und Sterben dar. Aus diesem Blickwinkel gesehen, ergeben auch die in der Unterwelt verborgenen Höhlenmalereien plötzlich einen beeindruckenden und gut nachvollziehbaren Sinn: es handelt sich dabei möglicherweise um ein mit Texten ergänztes Bilderbuch der Einweihungssprache.

Um welcherart Initiationen handelt es sich bei den Gemälden der Eiszeithöhlen? Es werden Jagdmagie, Fruchtbarkeits- und Totenkult sowie Opferplätze für die Ahnen angenommen. Alle diese Möglichkeiten religiösen Handelns widersprechen sich nicht, sondern ergänzen sich vielmehr. Manche Prähistoriker vertreten aufgrund weltweiter ethnologischer Studien und Analysen die Meinung, daß die ausgemalten Kulthöhlen als Unterwelten aufgefaßt werden können, wobei die dargestellten Tiere Tiergeister sind, die über die jeweiligen Tiergattungen wachen und das nötige Wild für die Jagd schenken.

Die große Erdmutter ist also die Herrin der Tiere und aller Geister, sie sorgt – wenn sich der Schamane, die Schamanin ihr ehrerbietig opfernd nähert – für Fleisch, Ernährung, Fruchtbarkeit im weitesten Sinne, und in ihr schließt sich der Zyklus, wenn es um die Seelen der Verstorbenen (auch der getöteten Jagdtiere) geht.

In diesem Zusammenhang könnte man die überraschend zahlreich an vielen Stellen Europas aufgefundenen Frauenfigürchen, die sogenannten Venus-Idole, als früheste Abbildungen der Ur- und Erdgöttin Hel beziehungsweise von Frau Holle auffassen. Doch über diese frühesten Zeiten können wir in Ermangelung schriftlicher Beweise nur spekulieren.

Weitaus mehr Auskunft über das Thema ermöglicht uns das Studium der altnordischen Mythologie. Hels Reich wird dort als eine Art Gebärmutter, Gebärhöhle, als ein Ort der Wiedergeburt beschrieben (hellir). Der Kessel-Schoß ist mit reinigendem Feuer angefüllt, das Feuer galt als ein Element der Verwandlung.

Auch die Römer verehrten ursprünglich die Kraft dieses Elements. Es gab im alten Rom Priesterinnen (die Vestalinnen), deren besondere Aufgabe es war, das heilige Feuer zu hüten und niemals verlöschen zu lassen. Auch das Backen von Brot gehörte zu ihren Aufgaben, weshalb man ihnen den Ehrentitel "Gebieterinnen des Brotes" verlieh. In kultischen Orgien (die Römer waren noch nicht so verklemmt wie später die Christen, die alles Sexuelle als Sünde betrachteten) wurden die "Fornacalia", die "Ofen-Feste" gefeiert. Aus diesen überlieferten Sitten ist wohl auch die Funktion des Backofens im Frau-Holle-Märchen zu verstehen. Noch in mittelalterlichen Sagen blickt dieser gedankliche Zusammenhang durch: der Name Brunhilde bedeutet eigentlich "Brennende Hel". So wurde die Anführerin der Walküren bezeichnet, mitunter auch als "Matabrune" – "Brennende Mutter". Es ist eine böse Ironie des Schicksals, daß die christliche Inquisition all diese alten, urtümlichen Zusammenhänge in ihr Gegenteil pervertierte. Sie, die die vorher üblichen Feuerbestattungen mit der Begründung verbot, damit würde der Körper vernichtet und die "Auferstehung des Fleisches" verhindert, wandte die Kraft des Elements Feuer gegen die heidnischen Anhänger Frau Holles, die Hexen, auf unglaublich brutale Weise an, wie wir wissen: Sie verbrannte die Priesterinnen der alten Religion, die weisen Heilfrauen und Hebammen, die Hüterinnen des alten Wissens, bei lebendigem Leibe auf Scheiterhaufen.

Obgleich die christliche Kirche enorme Anstrengungen unternahm, alles Wissen und die Religion der Vorzeit zu unterdrücken und auszurotten (man kann die Zeit der Inquisition nur noch mit dem Holocaust vergleichen!), obgleich sie die Ur- und Erdmutter Hel ächtete und verteufelte, sah der Volksglaube Frau Holle und ihre Helfer, die Hollen, weiterhin als gütig und menschenfreundlich an. Die Mythenforscherin Rüttner-Cova schreibt in ihrem Buch "Frau Holle, die gestürzte Göttin":

"Das Hexenbild übernimmt alle Holla-Aspekte, die dem frauenentfremdeten Mann Angst bereiten. Als erotisches, dämonisches, autonomes und böses Weib ist die Hexe zur Projektionsträgerin ungelebter perverser Sexualvorstellungen und Minderwertigkeitskonflikte geworden... Selbst in ihren abartigen Sexualphantasien haben die Kirchenmänner die erotische Seite der Göttin unter Kontrolle gebracht, denn ihr eigenes lüsternes Teufelswesen regiert über die Hexe... Dagegen entwickelte sich neben der kirchlichen Marienverehrung ein volkstümlicher, ein sinnlicher Mariakult. In der Volksmaria ist Holla weiterhin aufspürbar. Erst

mit der Einführung der historischen Hexe verlor die Volksmaria langsam ihre Hollazüge.

Die Ikonographie überliefert den Wandel des Mariabildes sehr anschaulich. Die Renaissance-Madonna ist zu einem süß-schönen, blutleeren und mädchenhaften Geschöpf zusammengeschrumpft... Der kirchliche Mariakult ist vor allem durch den Mönchsorden sehr stark gefördert worden. Hier schafften Mutterschoßdrang und Sexualnot die unsinnliche Wunsch- und Sehnsuchtsmutter... Maria ist Frau Holle. Doch nicht mehr die ganzheitliche, die zyklische Göttin. Maria ist ein fragmentierter Teil der Großen Mutter. Maria ist die Wunschmutter. Sie übernahm Hollas hilfreiches, gütiges, urmütterliches Wesen. Maria stillt die Muttersehnsucht. Jungfrau und Mutter – keusch – eine sterile Mutterfigur, die sexuelle Bedürfnisse ausschließt. Ein unberührter Mutterschoß, der als 'hortus conclusus' (geschlossener Garten) zum Niemandsland der Söhne erklärt wird."

Es verwundert von daher also nicht, daß die verdrehte kirchliche Gedankenakrobatik kaum bei der Bevölkerung Anklang fand. Im Gegenteil: Je mehr Frau Holle verschmäht und geächtet wurde, desto mehr Anhänger fand sie, gerade bei Frauen und Jugendlichen, die sich vom "Hexenwesen" magisch angezogen fühlten. Dieser Zustand hat sich bis heute kaum geändert. Zur Zeit gibt es hierzulande mehr "Hexenzirkel", "Hexenschulen" und hexentanzähnliche Feste denn je. Die alten Plätze werden wieder aufgesucht und – besonders zur "Walpurgisnacht" vor dem 1. Mai – zu Open-Air-Tanzveranstaltungen genutzt, bei denen natürlich auch die großen Feuer eine Rolle spielen. Hunderttausende feiern in Deutschland wieder diese Feste, und – auch wenn sich die meisten von ihnen dessen nicht bewußt sind – tun sie es Frau Holle zu Ehren.

Es scheint eine Epoche der Rückbesinnung angebrochen zu sein, man strebt zurück zu den Wurzeln, im Gespür, daß dies etwas mit der Suche nach der eigenen Identität zu tun hat.

Viele Orte verdanken übrigens ihren Namen der guten, alten Frau Holle: Helgoland ebenso wie Helsinki, Helgo, Hollingstedt, Holderness, Holler, Holstein und Holland. Während sich die Bevölkerung darüber kaum oder nur unzureichend bewußt ist, kennen die Isländer noch heute ein traditionelles "Heim der Toten" in Helgafeld beziehungsweise Hels Hügel. In Island existiert also Frau Holle noch. Bei uns lebt sie versteckt im Holundergesträuch der Märchen und Sagen und wartet darauf, daß wir sie wiederentdecken.

Baba Jaga

Leah Levine

BABA JAGA, die alte Frau des Herbstes

Es war einmal, vor langer langer Zeit, da lebte in den russischen Wäldern eine alte Frau. Sie lebte nicht allein im Wald, sondern einige hundert Bäume weiter, in südlicher Richtung lebte Kikimora. Kikimora war noch viel älter als Baba, die alte Frau, und sie bewachte seit Menschengedenken das Moor. Manchmal half sie Wanderern, sich nicht im Moor zu verirren, ein anderes Mal lenkte sie ihre Schritte genau zu den gefährlichen Stellen. Kikimora war gefürchtet, weil sie so unberechenbar war, und man nannte sie nur die Moorhexe. Die Eltern warnten ihre Kinder vor ihr und manch Reisendem legte man nahe, nicht nach Anbruch der Dunkelheit die Reise durch Wald und Moor fortzusetzen.

Kikimora verstand sich meist sehr gut mit Baba, aber manchmal nagte die Schlange des Neids doch gefährlich an dieser Freundschaft. Im Gegensatz zu Kikimora hatte Baba einen sehr guten Ruf, und die Menschen der umliegenden Dörfer kamen oft zu ihr, um sie um Rat zu fragen.

Baba kannte sich gut aus mit Kräutern und Wurzeln, sie wußte bei jeder Krankheit die richtige Hilfe und bei jedem seelischen Leid den passenden Zauber. Wenn die Erntezeit nahte, kamen die Bauern zu ihr und brachten die letzten Ähren, damit sie sie segnete und das Wachstum für das nächste Jahr gesichert sei. Es hieß, wer diese gesegneten Ähren aß, werde im kommenden Jahr ein Kind zur Welt bringen oder großen Reichtum erfahren. Die Menschen nannten sie oft die Gute Fee des Waldes, und Baba gefiel diese Anerkennung. Sie sah den Unterschied, den es machte, geliebt oder gefürchtet zu werden. Ihr brachten die in Not Geratenen Speisen, warme Decken und Feuerholz. Kikimora mußte sich um alles selbst kümmern, und manches Mal hatte sie es wirklich sehr schwer. Gerade die besonders kalten Winter waren eine Qual für Kikimora. Sie lud sich dann oft bei Baba ein und versuchte so, etwas von den Geschenken zu nutzen. Wenn die Menschen Kikimora bei Baba sitzen sahen, drehten sie oft wieder um. Sie wollten nicht, daß diese etwas von ihren Sorgen mitbekäme und sich darüber womöglich lustig machte.

Baba wußte um dieses Problem, aber nicht, wie es zu lösen sei. Sie wollte nicht unhöflich zu Kikimora sein, da sie ihr auch nicht ganz traute. Kikimora konnte recht grausam sein, und diesen Zorn wollte Baba nicht auf sich ziehen. Sie erinnerte sich nur zu gut, wie gemein Kikimora im letzten Winter zum Waldschrat gewesen war. Der Waldschrat lebte, wie die beiden Frauen, allein im Wald, aber sehr zurückgezogen. Er suchte keine Gesellschaft und wollte auch mit den Menschen aus der Umgebung nichts zu tun haben. Er vertraute niemandem außer seinen Ziegen, von denen er einige gegen die Einsamkeit hielt. Der Waldschrat war weder gut noch böse, seine einzige Aufgabe war es, den Wald in Ordnung zu halten, und das tat er vortrefflich. Er beseitigte verendetes Wild und achtete darauf, daß die jungen Baumtriebe genügend Licht zum Wachsen hatten.

Im letzten Winter nun besuchte Kikimora den Waldschrat, als das Knurren ihres Magens sie des Nachts am

Einschlafen hinderte, und wollte ihn um eine seiner Ziegen bitten, damit der größte Hunger gestillt sei. Der Waldschrat erhörte ihre Bitte aber nicht. Seine Ziegen seien nicht zum Essen, sie wären seine Freunde, und die würde er nicht verraten.

Kikimora flehte ihn an, aber er ließ sich nicht erweichen. Als Kikimora merkte, daß sie ohne etwas zu essen den Rückweg antreten mußte, verwandelte sich ihre Freundlichkeit in Zorn, und sie drohte dem Waldschrat, daß er seine Herzlosigkeit noch bitter bereuen würde.

In der darauf folgenden Nacht begab sie sich erneut zur Wohnstatt des Waldschrats und fing ein furchtbares Heulen an. Die Ziegen dachten wohl, ein Rudel Wölfe würde sich nähern und gerieten in Panik. Sie stoben aus ihrem Verschlag und suchten Schutz zwischen den Bäumen. Kikimora nutzte die Verwirrung und fing die Ziegen eine nach der anderen ein. Sie trieb sie aufs Moor zu und beobachtete kaltblütig, wie sie darin hilflos versanken. Der Hunger war vergessen, nur die Rache zählte für sie.

Am nächsten Tag erschien der Waldschrat völlig aufgelöst bei Baba und schilderte ihr sein Leid. Er hatte fest geschlafen und von all den Vorfällen der letzten Nacht nichts mitbekommen. Er weinte und schrie. Seine Verzweiflung über den Verlust der Ziegen war erschütternd anzusehen. Baba schaute in ihre Schüssel mit dem Wasser des Mondes, um ein Zeichen zu bekommen. Nach einigen Augenblicken erschien das schemenhafte Gesicht der Kikimora auf der Wasseroberfläche. Als Baba dem Waldschrat ihre Erkenntnis mitteilte, erinnerte sich dieser an die Drohung.

Ja, Kikimora mußte die Ziegen entführt und getötet haben. Doch was sollte er tun? Er konnte es ihr nicht beweisen und hatte auch viel zu viel Angst, sich der Hexe noch einmal zu stellen. Tief bedrückt und voll von Trauer zog er sich in seine Bäume zurück. Baba tat er leid, aber sie wußte sich auch keinen Rat, wie sie ihn aufmuntern konnte. Um Mitternacht ging sie an das Ufer des kleinen Baches und wirkte einen Zauber, der Kikimora bestrafen sollte. Sie nahm eine Tasche aus Ziegenfell und füllte sie mit neun Weizen - und neun Maiskörnern, dazu gab sie neun Seidenfäden in der Farbe der Rache. Schließlich legte sie noch eine Silbermünze hinzu und verschloß den Beutel. Mit einem Haselnußstab zog sie einen Kreis und beschwor die Kraft Tartars, des Geistes des Wassers. Sie bat ihn um Bestrafung von Kikimora und daß der Gerechtigkeit genüge getan werde. Nach getaner Arbeit machte sie sich auf den Heimweg und schaute sich nicht einmal um, um die Kraft des Zaubers nicht zu schwächen.

Für den Waldschrat hatte sie die Lösung erst im folgenden Frühjahr. Ein junges Ehepaar, dem seit Jahren der Nachwuchs ausblieb, hatte sie um Rat und Hilfe gebeten. Baba verabreichte der Frau ein geheimes Kraut und einen Trank aus Silberdistel. Schon sechs Wochen später erschien die nun schwangere Frau erneut bei ihr, um sich für die Wunderwirkung zu bedanken. Sie schenkte Baba zum Dank ein Ziegenpärchen. Dieses Ziegenpärchen brachte Baba nun zum Waldschrat, und dieser war vor Freude so aus dem Häuschen, daß er wie wild herumtanzte. Baba freute sich mit ihm und dachte, damit sei der Waldfriede wieder hergestellt.

Baba hatte Kikimora gegenüber nie erwähnt, daß sie um die Umstände der verlorenen Ziegen wußte. Sie hätte es nicht beweisen können und wollte auch kein Zerwürfnis mit dieser rachsüchtigen Frau. Baba hatte ein Geheimnis, und sie wußte, wenn Kikimora davon erführe, würde diese es bei sich bietender Gelegenheit zum Schaden aller verraten. Es galt also, so unauffällig wie möglich zu sein und den Kontakt zu Kikimora zu halten, um immer zu wissen, was diese so trieb.

Baba galt zwar als die Hüterin des Wachstums, aber wie alles in der Welt hatte auch diese Medaille zwei Seiten.

Als Gott ihr die Kraft der Heilung und des Gedeihens verliehen hatte, verlieh er ihr auch die Gabe der Zerstörung und des Todes. So sehr es Baba widerstrebte, so war es doch ihre Pflicht, so manchen Menschen vom Leben in den Tod zu befördern. Jedes Jahr in der Nacht zum 6. Januar mußte sie sich aufmachen und mit den Seelen der Verstorbenen des Vorjahres durch die Gegend reisen, um diese in das Reich der Toten zu geleiten. Sie wußte, daß die Menschen die Wilde Jagd, wie sie sie nannten, die mit ohrenbetäubendem Lärm und gräßlichem Heulen durch Wald und Dörfer fegte, fürchteten. Hätten sie gewußt, daß Baba dahintersteckte, hätten sie sie lieber gesteinigt, als sie weiterhin um ihren Rat zu fragen. So verheimlichte Baba ihr Tun viele Jahre lang und niemand wußte von ihrem Doppelleben.

Es war wieder so eine Nacht, in der sich Baba auf ihren Leichenzug vorbereitete. Sie hatte gerade ihre eiserne Maske aufgesetzt, als die Tür aufgerissen wurde und der

Waldschrat hereinstürzte. Hier nutzte nun keine Verkleidung, er hatte sie erkannt und wich entsetzt zurück. Bevor Baba ihn aufhalten und fragen konnte, was er denn wolle, war er im Dunkel der Bäume verschwunden. Ihm hinterherzueilen blieb keine Zeit, und so machte sie sich auf ihren beschwerlichen Weg. Mit wildem Getöse erhob sie sich in die Luft und flog durch den Wald, die Seelen zu suchen und zu führen. Sie hoffte, daß der Waldschrat das Geheimnis bewahren würde und zu niemandem ein Wort über das Gesehene verlöre.

Das hätte er auch sicher getan, wäre nicht eines Tages Kikimora wieder bei ihm aufgetaucht. Mit scheinheiliger Freundlichkeit erkundigte sie sich nach seinem Befinden und vergaß auch nicht, die hübschen Ziegen über Gebühr zu loben. Dem Waldschrat schwante nichts Gutes. So freundlich kannte er Kikimora gar nicht. Es dauerte nicht lange, da rückte sie auch mit der Sprache heraus. Sie beklagte sich aufs Heftigste über die Ungerechtigkeit der Menschen. Sie war verbittert, daß Baba solches Ansehen genoß und sie selbst so verteufelt würde. Auch sie hätte ein Anrecht auf gute Behandlung und Geschenke, sonst würde sie in Zukunft jeden im Moor sterben lassen.

Sie fragte den Waldschrat, ob er nicht auch unzufrieden mit der Lage sei. Dieser verneinte, weil es ihn ja auch gar nicht betraf. Kikimora redete sich immer mehr in Wut und meinte, es müsse doch etwas geben, womit man Baba von ihrem hohen Roß stürzen könnte. Mit der Zeit hatte ihr vormals freundlicher Ton wieder die gewohnte Bösartigkeit angenommen und sie drohte, wenn der Waldschrat ihr nicht helfen würde, etwas gegen Babas Erfolg zu unternehmen, würden die Zieglein für seine Sturheit bezahlen müssen.

In Angst, erneut seine liebsten Freunde zu verlieren, verriet der Waldschrat Kikimora Babas Geheimnis, daß diese die Anführerin der Wilden Jagd sei. Kikimora lachte auf, das sei es, besser könnte es gar nicht kommen. Wenn die Menschen erführen, wer hinter den Toten stünde, würden sie Baba fallen lassen und alle zu ihr kommen und sie verehren. Freudig verließ sie den Waldschrat, ohne die Ziegen, und ging geradewegs in das nächste Dorf. Dort war gerade Markttag, und so konnte die furchtbare Kunde in Windeseile verbreitet werden. Man stelle sich das Entsetzen der Menschen vor, als sie hörten, daß ihre Vertraute, ihre geschätzte Hilfe in der Not, es war, die verantwortlich zeichnete für die vielen verstorbenen Kinder und nahen Verwandten.

Keiner vermochte die Natürlichkeit der Situation zu erfassen, daß da, wo Leben entsteht, der Tod nicht fern weilt, daß da, wo Licht ist, auch der Schatten residiert.

Im Gegenteil, endlich hatten die, die schon die ganze Zeit das Treiben der Baba beobachtet und verdammt hatten, ihre Bestätigung. Es brauchte nicht viele Worte des Priesters in der Kirche, um Baba den Ruf einer bösen Hexe einzubringen. Die Menschen waren einfache Leute und sie ließen sich schnell beeinflussen.

Baba merkte bald, daß niemand mehr zu ihr kam. Als sie eines Tages im Wald Holz sammelte, traf sie auf ein kleines Mädchen, das sich ängstlich vor ihr zu verstecken suchte. Baba fand sie hinter einem Baum und fragte, was denn los sei, warum sie so verängstigt sei. Das Mädchen begann zu weinen und brachte stotternd hervor, daß ihre Mutter sie vor der Hexe Baba gewarnt habe. Sie sei die Mutter des Todes und würde den Menschen das Elend bringen. Baba war erstaunt und fragte weiter, wer denn solche Dinge zu behaupten wage. Das kleine Mädchen erzählte von der Moorhexe und ihren Anschuldigungen. Baba schenkte dem Mädchen eine Handvoll süßer Beeren und wollte sich gerade zum Gehen wenden, als sie sah, daß das Kind die Beeren fortwarf und zum Dorf zurücklief.

Voller Traurigkeit ging Baba nach Hause. Sie berief ihr Wasserorakel und erkannte den ganzen Umfang von Kikimoras Beschuldigungen. Sie konnte sehen, daß das Vertrauen der Menschen zu ihr gebrochen war und man sie als böses Weib verfluchte. Baba verlor ihre sonst so milde Natur und plante, Kikimora zur Rede zu stellen. Aber sie wollte vorbereitet sein.

Aus dem Hufeisen einer Stute schmiedete sie sich ein Messer, aus dem rechten Horn ihres schwarzen Bockes schnitzte sie dafür einen Griff. Als der Mond abnahm, legte sie das Messer in einen Kelch mit Wasser, so daß sich der verdunkelte Mond darin spiegelte. Sie wartete, bis der Mond aus seinem Schatten wieder hervortrat und sprach die heiligen Worte, die das Messer mit magischer Kraft aufluden und es dem Geist des Mondes weihten.

Nachdem die *Kustura*, das heilige Messer, hergestellt war, machte sie sich auf den Weg zu Kikimora. Kikimora schien fast, als hätte sie Baba erwartet. Ihre Worte waren voll von Hohn und sie fragte Baba, ob sie vielleicht jetzt Rat bei ihr suche. Kikimora trieb ihren Spott zu weit und plötzlich, ohne es selbst zu erwarten, stieß Baba ihr die *Kustura* in die Brust. Beide Frauen waren überrascht. Kikimora errang als erste die Fassung zurück und merkte, daß sie sterben würde. So einfach wollte sie es Baba nicht machen. Mit der letzten Kraft ihres dahinschwindenden Lebens formten ihre Lippen die Worte eines uralten Fluches. Mit ihrem letzten Atemzug sollte all das Böse, das Kikimora in sich hatte, auf Baba übergehen. Und die Menschen sollten sie erkennen und fürchten, wie sie sie gefürchtet hatten!

Damit endete das Leben der Moorhexe.

Baba saß lange da und versuchte zu verstehen, was geschehen war. Sie spürte eine unbekannte Kraft in ihrem Inneren sich ausbreiten, und diese Kraft war bösartig.

Baba eilte zurück zu ihrem Haus und wollte einen guten Zauber auf sich legen, aber all die Dinge, die sie dafür benötigte, waren fort. Sie ergriff die Schale mit dem Mondwasser, aber sie war trüb und formte keine Bilder mehr.

Je mehr Zeit verstrich, um so stärker wurde die böse Kraft. Baba rannte durch den Wald und suchte den Waldschrat. Als sie an seinem Hause ankam, hörte sie die Ziegen furchtsam schreien. Der Waldschrat trat aus seinem Haus und erstarrte. Er schien Baba gar nicht zu erkennen. Er drehte sich um und verschwand wieder hinter der Tür. Sie solle verschwinden, rief er, er sei ein rechtschaffener Mann und wolle nichts mit Teufelsgesindel zu tun haben. Baba konnte sich sein Verhalten nicht erklären und lief weiter zum Bach. Als sie sich über das Wasser beugte, begann sie zu verstehen. Ihr Äußeres hatte sich auf erschreckende Weise verändert. Sie sah zum Fürchten aus.

Auf schnellstem Weg rannte sie zu ihrem Haus zurück, aber auch dies hatte sich verwandelt. Statt ihrer gemütlichen Hütte stand da ein Haus auf einem Hühnerbein. Düster und von erschreckendem Format. Einem Wanderer, der just in diesem Moment aus dem Wald trat, blieb das Herz stehen. Der Schreck hatte ihm den Tod gebracht. Baba war verzweifelt. Aber die Zweifel hielten nicht lange. Babas einst so gutmütiges Wesen verschwand mehr und mehr. Sie glich sich ihrem äußeren Erscheinungsbild auch in ihrem Innern an. Der arme Wanderer, den der Tod so unvorbereitet getroffen hatte, war schon einige Zeit tot, als Baba seinen inzwischen vom Fleisch befreiten Schädel sprechen hörte. Er rief sie und erzählte ihr, daß er fortan ihr Ratgeber sei. Wann immer Baba nun ein Orakel brauchte, so fragte sie den Schädel, und er antwortete ihr mit großer Genauigkeit.

Er riet ihr, sich noch mehr Schädel und Knochen zu besorgen, um daraus einen Zaun zu bauen. Dieser Zaun war ein Schutzkreis, der sie vor allen Nachstellungen bewahrte und die Menschen fern hielt. Um an die Knochen und Schädel zu kommen, hatte Baba begonnen, sich auf die Wanderer und Kinder zu stürzen, die leichtsinnig im Wald spielten. Diese negative Seite der Menschenfresserei war ein klares Erbe der Kikimora.

Nur wenige hatten den Mut, sie aufzusuchen. Doch wenn es einer wagte, dann wies sie ihm nicht gleich die Tür. Ihre Zauber hatten sich verändert, aber den Mutigen gab sie gern. Sie konnte mit der Kraft der Knochen heilen und mit Hilfe der Schädel das Schicksal vorhersagen. Wer ihren Worten zuhörte, der konnte eine Menge von ihr lernen.

Seit ihrer Verwandlung bestimmte sie den Tag. Am frühen Morgen hieß sie einen weißen Reiter durch den Wald reiten, der die Natur zum Erwachen brachte. Zur Mittagszeit schickte sie den roten Reiter hinaus, den höchsten Stand der Sonne zu verkünden. Wenn es genug war, schickte sie den schwarzen Reiter, der die Ankunft der Nacht und das Ende des Tagewerks bekannt machte. Wer diese Reiter beobachtete, begriff viel über den Kreis des Lebens. Sie zeigten den Lauf der Sonne ebenso wie den des menschlichen Lebens. Baba Jaga, wie die Menschen sie nun furchtsam nannten, war nicht durch und durch böse geworden, sie verkörperte nur eine andere Weisheit.

In dunklen Nächten erhob sie sich nun in einem großen Kessel in die Luft, um ihre Aufgaben zu erfüllen. Ein feuriger Besen half ihr, ihre Spuren zu verwischen. Wenn sie so unterwegs war, verschlossen die Menschen ihre Häuser, die Erde stöhnte, der Wind pfiff und die Waldtiere heulten. All die, die Baba einst verraten hatten, bekamen ihr grausames Wesen zu spüren, den ehrlichen Menschen aber half sie weiter in der Not. So auch der kleinen Wassilissa, die eines Morgens, als sie von ihrem nächtlichen Flug zurück kam, vor ihrer Hütte stand. Die Kleine war von ihrer Stiefmutter und deren leiblichen Töchtern geschickt worden, um Feuer zu holen. Baba Jaga erkannte sofort, daß das nicht der wahre Grund war. Sie kannte die Familie und wußte, daß die Stiefmutter die Abwesenheit des Vaters nutzte, um

Wassilissa loszuwerden. Wassilissa war der Liebling des Vaters, da sie das Einzige war, was ihm als Erinnerung an seine geliebte erste Frau geblieben war. Die Stiefmutter und die Stiefschwestern haßten sie dafür, und Baba Jaga erschien ihnen ein guter Weg, die Kleine in das sichere Verderben zu schicken.

Baba Jaga stellte Wassilissa viele Aufgaben, die sie allein eigentlich nicht hätte bewältigen können. Da diese aber den Segen ihrer Mutter in Form eines sprechenden und helfenden Püppchens hatte, wurden alle Aufgaben zufriedenstellend erledigt. Als Baba Jaga dieses brave Kind satt hatte und merkte, daß das Böse in ihr stärker wurde und der Wunsch zu töten immer drängender, gab sie Wassilissa einen Totenschädel mit leuchtenden Augen.

Wassilissa sollte mit diesem Schädel nach Hause gehen, er würde dann das Feuer neu entzünden. Stolz nahm Wassilissa den Schädel und machte sich auf den beschwerlichen Rückweg. Der Schädel erhellte ihren Weg und unterhielt sie dabei auch noch, indem er ihr lustige Geschichten erzählte. Im elterlichen Haus angekommen, brach bei der Stieffamilie das Entsetzen aus. Niemand hatte erwartet, Wassilissa je wieder zu sehen. Der Schädel aber verlor jetzt seine Heiterkeit und verwandelte sich in ein strafendes Werkzeug. Das gleißende Leuchten seiner Augen suchte die Stiefmutter und die Schwestern und verbrannte sie bis zur Unkenntlichkeit.

Baba Jaga war mit sich zufrieden und freute sich auf die wiedergewonnene Einsamkeit in ihrem Haus.

Ursula Richter

Himiko - Sonnenkönigin und Schamanin

Anfang Januar 1998 berichteten die Tageszeitungen in Japan von einem spektakulären Fund in der kleinen Stadt Tenri in der Präfektur Nara. In der als "Yamoto-Yanagimoto" bekannten Anlage historischer Grabstätten waren bei Ausgrabungen insgesamt zweiunddreißig runde Bronzespiegel mit einem Durchmesser von 22 cm bis 24,5 cm gefunden worden. Wissenschaftler des Archäologischen Instituts in Nara äußerten die Vermutung, daß es sich bei diesem Fund um einen Teil der hundert Bronzespiegel handeln könnte, die Himiko, die erste Königin in der japanischen Geschichte, die in Yamatai regiert habe, als Geschenk von dem Kaiser der chinesischen Wei-Dynastie im dritten Jahrhundert nach Christus erhalten haben soll.

In den beiden ältesten japanischen historischen Werken, dem Kojiki (712 nach Christus) und dem Nihon Shoki (720 nach Christus) ist kein Land oder Ort "Yamatai" verzeichnet. Ebenso wenig ist eine Königin Himiko erwähnt. Von beiden berichtet allein die chinesische Chronik Sangua-zhi, die "Geschichte der drei Königtümer". Dort finden wir die älteste ausführliche Beschreibung des japanischen Inselreichs, das die Chinesen "Wa" nannten. Der Verfasser der chinesischen Chronik, Chen Shou, kannte Yamatai nicht persönlich, sondern bezog sich hauptsächlich auf alte Berichte der chinesischen Wei-Dynastie (220 - 265 nach Christus), das nördlichste der drei Königreiche, in die China im dritten Jahrhundert eingeteilt war. Chens Geschichte der

Himiko

Wei, das Wei-zhi, im Jahre 297 nach Christus vollendet, ist der erste und größte Teil des Sanguozhi. Dort wird berichtet, daß die "Wa-jin", die Bewohner Japans, im ersten Jahrhundert in mehr als einhundert kleinen, unabhängigen Staatsgebilden lebten. Entsprechend den Beobachtungen der Chinesen wurden die Wajin einst von Königen, die vermutlich Stammeshäuptlinge waren, regiert. Im Jahre 57 nach Christus waren Gesandte des Königs von Na, die aus Wa kamen, in der Hauptstadt des chinesischen Han-Reiches angekommen, um dem Kaiser Guang Wu Tributgeschenke zu überbringen. Ebenso waren Gesandte des Königs von Ito im Jahr 107 nach Christus an den Hof des chinesischen Kaisers An geschickt worden. Diese Reisen sind Belege dafür, daß es einen Austausch zwischen den chinesischen und den japanischen Fürsten gegeben hat und zumindest einige Fürstentümer des alten Japan die Tributpflichtigkeit gegenüber den chinesischen Kaisern anerkannten. Dann berichtet das Wei-zhi von einem Bürgerkrieg zwischen den Jahren 160 nach Christus bis 170 nach Christus im Land der Wa, der mit der Machtübernahme von Himiko endete.

Im Wei-zhi heißt es dazu: „*Das Land Wa wurde siebzig bis achtzig Jahre lang von Königen regiert. Es herrschten chaotische Zustände. Als Folge dessen brach ein Bürgerkrieg aus. Dann wurde ein junges Mädchen zur Königin erkoren. Ihr Name war Himiko.*"

Da ihre Existenz in den japanischen Reichschroniken verschwiegen wird, müssen wir unsere Vorstellung von der Person Himiko aufgrund der chinesischen Quellen bilden. Im Wei-zhi heißt es:

„Himiko trieb Zauberei und verhexte das Volk. Sie hatte nie geheiratet, auch in ihrer Jugend nicht. Ein jüngerer Bruder half ihr, das Land zu regieren. Seit sie Königin war, sahen sie nur wenige Leute. Zu ihrer Bedienung hatte sie tausend Frauen um sich, aber nur einen Mann, der ihr zu essen und zu trinken brachte, ihre Worte verkündete und Zutritt zu ihrem Wohngemach hatte. Ihr Palast, erhabene Gebäude und Zitadellen, wurde ununterbrochen von bewaffneten Soldaten bewacht."

Als diese Aufzeichnungen niedergeschrieben wurden, war Himiko bereits tot. Bei ihrer Thronbesteigung war sie ein junges Mädchen zwischen zehn und fünfzehn Jahren. Spätestens dann muß sie ihr zurückgezogenes Leben begonnen haben, denn, so heißt es im Wei-zhi, seit dieser Zeit "sahen sie nur wenige Leute". Wobei vermutlich das Volk gemeint ist, denn immerhin hatte sie tausend Frauen um sich versammelt. Obwohl sie sich ihrem Volk nicht zeigte, genoß sie nichtsdestoweniger "große Verehrung" im Land, weil sie "Kido" beherrschte, den "Weg der Dämonen", sagen die chinesischen Quellen. Nach Ansicht verschiedener Forscher ist damit eine Form von Schamanismus gemeint. In der japanischen Mythologie werden die Urgötter als die "Mächtigen und Schnellen" bezeichnet, denen mit Respekt zu begegnen ist und deren Fluch es zu entkommen gilt. Der "Weg der Dämonen" könnte die Beherrschung der furchterregenden Gottheiten sein, die nach späterer Deutung als böse Geister auf der Erde schwärmten, bevor die Himmelsgötter Helden sandten, die das Land für das Kommen ihrer Herrscher-Enkel reinigten, wie im Kojiki berichtet wird. Es ist jedoch nicht ausgeschlossen, daß die "mächtigen und schnellen" bösen Geister in Wirklichkeit verbrecherische Räuber waren, mit denen sie manchmal gleichgesetzt wurden. Der Palast, in dem Himiko wohnte, war, so wird im Wei-zhi berichtet, jedenfalls rund um die Uhr durch bewaffnete Soldaten streng bewacht, so daß niemand heimlich zu ihr hätte vordringen können. Persönlich empfing sie offenbar nur den "einen Mann", womit vermutlich ihr Bruder gemeint ist, der ihre Orakel deuten und den ausführenden Organen der Regierung sowie dem Volk zu vermitteln hatte. Den chinesischen Berichten nach vereinigte Himiko in ihrer Person die weltliche und magisch-religiöse Macht des Staates. Dies erscheint realistisch, denn die Konzentration von Herrscher- und Priestertum in einer Person war im Altertum üblich, und die religiösen und rituellen Aufgaben der Regentschaft wurden bevorzugt Frauen übertragen.

Die Ursache für die vorrangige Übertragung der Priesterfunktion an die Frau wird in dem Glauben an eine magische Kraft vermutet, die nur Frauen zu eigen ist und als deren Quelle das vorgeschichtliche Mysterium weiblicher Sexualität gilt. Aus religiöser Sicht bezog Himiko nach den Vorstellungen ihrer chinesischen Zeitgenossen ihre Macht vor allem aus der Zauberkraft, die ihr von den Göttern, in deren Dienst sie stand, vermittelt wurde. Ihrer Weissagung zu folgen bedeutete daher für ihre Untertanen, innerhalb der Gemeinschaft vom Willen der Götter beherrscht zu sein. Da Himiko, wie es im Wei-zhi heißt, "nach dem Willen aller" zur Herrscherin im Jahr 180 nach Christus erwählt worden war, mußte sie es offenbar verstanden haben, Vertrauen, Stärke und Macht zu verkörpern. Es gelang ihr, Dutzende der kleinen Staaten in Zentraljapan und auf der Insel Kyushu zusammenzuschließen. Zu ihrem Herrschaftsbereich sollen mehr als dreißig der ehemals unabhängigen Domänen gehört haben. Das bedeutet, sie beherrschte die meisten Gebiete, in denen, wie wir durch archäologische Forschungen wissen, die sogenannten "Dotaku" verbreitet waren, glockenartige Bronzegegenstände, die zu den Funden aus der Yayoi-Ära (etwa 300 vor Christus - 300 nach Christus) zählen, von denen man annimmt, daß sie zu religiösen Handlungen verwendet worden sind. Diese Funde werden auch als Hinweise auf die religiös betonte Herrschaft Himikos bewertet.

Als die späte Han-Dynastie Chinas von den drei Königtümern Wei, Wu und Shu abgelöst wurde und das Wei-Reich im Jahr 238 nach Christus die Provinz Daifang auf der koreanischen Halbinsel in Besitz nahm, schickte Himiko ihre Gesandten im Jahre 239 nach Christus durch Daifang in die Hauptstadt des Wei-Reiches und ließ dem König von Wei als Tributgeschenk vier männliche und sechs weibliche Sklaven und zwei Stoffballen von je zwanzig Fuß Länge überbringen. Der König verlieh ihr dafür im Jahr 240 nach Christus durch seine Gesandten den Titel "Königin von Wa, befreundet mit Wei." Diese Inschrift war mit einem goldenen Siegel versehen. Sie wurde ihr zusammen mit hundert Bronzespiegeln und anderen Geschenken überbracht. Drei Jahre später, so heißt es, sandte sie erneut Sklavinnen und Stoffe als Tribut nach Wei. Für ein gutes Verhältnis zum König von Wei spricht die Tatsache, daß dieser, als Himiko ihn im Jahre 247 nach Christus um militärische Unterstützung für ihre Kämpfe mit dem Staat Kuna bat, ihr in einer Botschaft seine Hilfe zusagte mit der Übersendung seines gelben Kriegsbanners. Himiko starb jedoch, bevor die Kämpfe um Kuna beendet waren. Dem Wei-zhi zufolge errichtete man ihr einen Grabhügel, der “mehr als hundert Schritte in der Breite maß”, und die Trauer im Volk war groß. Über hundert Gefolgsleute und Sklavinnen töteten sich am Grab ihrer Königin. Dieses Grab hat man angeblich bis heute nicht gefunden.

Der Volkskundler Taro Nakayama vermutete, daß Himiko in der damaligen Vorstellung des Volkes eine Gottheit gewesen sei. Nach Ansicht von Haruko Okano sei jedoch der Doppelcharakter - einerseits Gottheit, andererseits Priesterin und Miko, die dieser Gottheit dient - für die charismatischen Herrscherinnen dieser Zeit charakteristisch gewesen. Ob ihr Bruder nicht doch auch ihr Ehemann war, ist unbekannt, jedoch nicht ausgeschlossen. Für diese These könnte sprechen, daß die Schwester-Bruder-Ehen nicht als verboten galten, wie auch in der Legende von der Entstehung Japans durch das göttliche Geschwisterpaar Izanami und Izanagi deutlich wird.

Andererseits mußten Priesterinnen als Dienerinnen Gottes unverheiratet bleiben. Eine Priesterin durfte jedoch erst dann ihre priesterlichen Funktionen ausüben, wenn sie sich einem Initiationsritus unterzogen hatte. Dieser Initiationsritus bestand darin, sich als “Hitoyozuma” als “Gattin für eine Nacht”, einer Gottheit zur Verfügung zu stellen. Diese Initiation erfolgte im allgemeinen nicht nur symbolisch, sondern wurde - wie bereits beschrieben - durch eine reale Person, einen Mann, vollzogen. Sollte Himiko sich jedoch geweigert haben, den Pflichten der Initiation nachzukommen? Hat sie ihre Jungfräulichkeit bewahrt, verteidigt? Ist ihr schwer bewachtes, abgeschlossenes, gefängnisartiges Leben ein Hinweis darauf, daß sie als Dämonin betrachtet wurde?

Zu Himikos Zeiten herrschte in Japan der Glaube, daß Frauen, die jungfräulich blieben, von einem bösen Geist besessen seien. Vom buddhistischen Standpunkt aus würde sie allerdings als eine Weise gelten, die asketisch den Verlockungen des Fleisch entsagt. Dies könnte die Ursache dafür sein, daß ihrer Person in den chinesischen Annalen eine ehrfürchtige Beschreibung zuteil wird. Beweise, daß Himiko Kinder gehabt hätte, gibt es nicht. Ihre Nachfolgerin, die Königin Toyo, gilt zwar als ihre Verwandte, und Vermutungen wurden angestellt, daß sie Himikos Tochter sein könnte. Doch gegen diese Ansicht sprechen Altersgründe: Falls Himiko bei ihrer Thronbesteigung zwischen zehn und fünfzehn Jahre alt war, müßte sie in ihren Neunzigern gewesen sein, als sie im Jahre 247 oder 248 nach Christus starb. Ihr direkter Nachfolger jedoch war ein Mann, möglicherweise ihr Bruder, ein König, der kein Charisma besaß und nur Krieg und Unruhe brachte, heißt es in den Geschichtsannalen. Dann folgte die junge Toyo als Herrscherin, die bei ihrer Thronbesteigung erst dreizehn Jahre alt war. Selbst die Ansicht, daß Himiko das kleine Mädchen Toyo zu ihrer Nachfolgerin ausgebildet habe, um eine weibliche Nachfolge zu garantieren, erscheint unter diesem Aspekt unwahrscheinlich.

Rätselhaft ist auch bis heute die geographische Lage von Himikos Hauptstadt Yamatai, die siebzigtausend Haushalte gezählt haben soll. Unter den Gelehrten gibt es im Prinzip zwei Theorien. Die eine vertritt die Auffassung, Yamatai sei auf der Insel Kyushu gelegen, irgendwo in Nord- oder Zentralkyushu. Die andere behauptet, Yamatai sei identisch mit dem legendären Kaiserreich Yamato, das in der Region der heutigen Provinz Nara gelegen sein soll. In der ältesten japanischen Reichschronik, dem "Kojiki", ist, wie schon erwähnt, weder Yamatai noch Himiko verzeichnet. Die Chronisten des "Nihon Shoki" beziehen sich zwar öfter auf die Informationen im Wei-zhi, versuchten aber offenbar den Eindruck zu vermitteln, daß Japaner immer von Yamato regiert wurde. Die Chronik deutet an, daß es einen diplomatischen Kontakt zwischen Wei und einer weiblichen japanischen Herrscherin nur gegeben haben könne, wenn dies eine weibliche Herrscherin des Yamato-Reiches gewesen sei. So erwähnt das Nihon Shoki neben einer klugen und mit seherischen Fähigkeiten begnadeten Stammesfürstin, Prinzessin Yamato Totohime no Mikoto, die von einigen Gelehrten als mögliche Verkörperung der historischen Himiko interpretiert wird, vor allem die Kaiserin Jingu, die Yamato als Nachfolgerin ihres kaiserlichen Ehemannes in der Nara-Ebene beherrschte. Daher trifft man nicht selten auf die Empfehlung, die im Weizhi erwähnte Himiko als die Kaiserin Jingu zu betrachten und Yamatai gleichbedeutend mit Yamato zu lesen. Die Legende um die Kaiserin Jingu führt ums jedoch ebenfalls nach Nordkyushu. Dort soll sich Jingu als Gattin des Kaisers Chuai aufgehalten haben, der aber in Yamato herrschte und erst später nach Kyushu zog. Es heißt, vier Götter offenbarten durch Jingu, die den Gottheiten als Medium diente, die Existenz von Korea, wo Gold, Silber und andere Schätze vermutet wurden. Der Kaiser jedoch, dessen Aufgabe es war, die in der Ekstase vorgebrachten Äußerungen seiner von der Gottheit besessenen Gattin zu interpretieren, bezweifelte die Wahrheit des Orakels und weigerte sich, den übermittelten göttlichen Auftrag zur Eroberung von Korea auszuführen, da er nirgends im Westen ein Land erkennen konnte. Für seinen Unglauben wurde er mit einem plötzlichen Tod bestraft.

Seine mächtige Frau trat daraufhin die Herrschaft an. Sie erreichte mit ihrer Flotte das koreanische Shiragi, eines der alten Gebiete von Korea, und eroberte es. Unter archäologischen Betrachtungen fällt Himikos Herrschaft in eine Übergangszeit: am Ende der Yayoi-Periode, die von der Einführung des Landanbaus bis zur Entwicklung von lokalen Königreichen reicht, und in den Anfang der Kofun-Periode, für die große Grabhügel, die für die Toten der Herrscherklasse errichtet wurden, und die zunehmende Formierung eines vereinigten Reiches unter der Herrschaft einer Tenno-Familie typisch sind. Daß Himiko, ein charismatisches und mit magischen Fähigkeiten begabtes Mädchen, zur Herrscherin gewählt worden war, um integrierend zu wirken in einer Zeit der sozialen Krisen, die politische, wirtschaftliche, soziale und kulturelle Veränderungen nach sich zog, hat unter den Historikern schon seit dem dreizehnten Jahrhundert heftige Diskussionen ausgelöst. Die Theorien zur Erklärung des Phänomens "Himiko" reichen von der Behauptung, sie sei lediglich ein (weiblicher) Stammeshäuptling oder, wie schon erwähnt, die Kaiserin Jingu, bis zur Ansicht, sie sei mit der Sonnengöttin Amaterasu identisch.

Fest steht, daß die mythologische Amaterasu zur Urahnin des japanischen Kaisergeschlechts avanciert ist. Dafür mag es folgende Überlegungen geben: Die Sonnengöttin wurde erschaffen, als sich Izanagi den Schmutz aus seinen Augen wusch, nachdem er sich der Unreinheit der Unterwelt, in der seine Schwester und gleichzeitig Ehefrau nach dem Tod bei der Geburt eines Kindes verblieben war, ausgesetzt hatte. Auch Amaterasu "machte mit ihrem Bruder Kinder", wie es in der Mythologie dargestellt wird. Und sie gab schließlich ihrem Enkelsohn den Auftrag, auf Kyushu, der südlichen japanischen Insel, vom Himmel herabzusteigen, um das Geschlecht der zukünftigen Kaiser Japans zu gründen. Der Nachfolger von Amaterasus Enkel wurde schließlich Jimmu Tenno, der erste halb-historische Kaiser. Amaterasu selbst ist jedoch nie schöpferisch in Erscheinung getreten. In der Mythologie um sie wird deutlich, daß sie die Fruchtbarkeit und Macht von männlichen Schöpfern erhalten und wieder an männliche Symbole weitergegeben hat. Himiko muß ohne Zweifel eine mächtige Königin des japanischen Volkes im Altertum gewesen sein. Sie vertritt die ursprünglich der Frau zugeordnete mysteriöse Macht, die in ihrer geheimnisvollen Sexualität wurzelt. Von Himikos Bedeutung will die offizielle historische Dokumentation in Japan wenig wissen. Die charismatische Priester-Königin könnte allzu deutlich als Beweis dafür gelten, daß weibliche Sexualität nicht durch den Mann initiiert zu werden braucht, um als Quelle der Macht zu dienen.

Circe

Barbarina Boso

Circe, die zauberhafte Heilerin

Es gibt eine Insel im Schwarzen Meer. Ihr Name war einst Aiaia. Dort lebte die titanische Zauberin und Schamanin Circe oder auch Kirke.

Sie ist die Tochter des Sonnengottes Helios und der Mondgöttin Perse, auch die Lichttragende genannt. Circes Schwestern sind die kretischen Göttinnen Pasiphae und Aega. Die Reize der drei Schwestern werden gerühmt.

Aber vor allem wissen wir von Circe, denn viele Dichter der Antike haben uns von ihr erzählt. Homer schreibt von ihrer Schönheit und ihren langen geflochtenen Haaren. Er will uns damit sagen, daß sie das Schicksal, die schöpferischen und zerstörerischen Mächte, das Werden und Vergehen mit ihren Knoten und Flechten im Haar beeinflussen konnte. Aber er nennt sie auch die schreckliche Göttin der tödlichen Rede. Ihre Haare, ihre Worte und Zauberlieder beeinflußten nicht nur das Schicksal der Menschen, sondern auch das Wetter oder die Gestirne.

Oh, es klingt nach böser Schicksalgöttin, aber sie war wohl eher unbekümmert, lebenslustig und scheinbar immer zu ungewöhnlichen Späßen aufgelegt, die aber doch einen tiefen mystischen Sinn hatten! So probierte sie ihre Zauberkünste an den Menschen aus, die an der Küste ihrer Insel strandeten. Es waren zumeist Schiffbrüchige, die es an die Insel Aiaia im Schwarzen Meer verschlagen hatte. Ovid, ein gefeierter Dichter Roms, berichtet uns in seinen Metamorphosen von der "*sonnenerzeugten Zauberin, die auf kräuti-*

gem Hügel wohnt im durchwimmelten Hof mancherlei Wildes Erscheinung".

Circe empfing die Gestrandeten wohl freundlich, bewirtete sie mit köstlichen Gerichten, gab ihnen Mixturen aus Kräutern und Wein zu kosten und freute sich an den Ergebnissen ihrer Zaubereien, Brau-und Kochkünste.

In allen Sagen, die uns von Circe erzählen, müssen wir den Eindruck gewinnen, daß Circe ihre Zaubereien wie eine Spielerei betrieben hat. Vielleicht war die Insel Aiaia so etwas wie eine Mysterienschule, ein Ort zur Initiation. Erst wenn die vom Schicksal angelandeten "Schüler" gewisse Prüfungen bestanden und geheimnisvolle Riten durchlebt hatten, waren sie reif für eine Einweihung.

Der Mysterienweg war mit Gefahren und Hindernissen verbunden. Die lebendige Erfahrung dieser von Göttern oder Göttinnen eingestreuten und vorbereiteten Abenteuer ließ die Persönlichkeit des Mysten (Schülers) reifen, sein Charakter wurde gebildet, er erkannte sein eigenes Selbst. Er bekam eine unsterbliche Seele, sein Leben war von nun an mit dem Göttlichen verwobenen. In allen Aufgaben, die Circe Odysseus stellt, in allen Ratschlägen, die sie ihm gibt, erkennen wir ihr Ansinnen, den geliebten Abenteurer unsterblich zu machen. Seine Seele wird seinen Tod überdauern. Er wird ein Eingeweihter. Und sie hat es geschafft. Odysseus mußte irgendwann sterben und doch lebt er weiter.

Unsere schöne Schamanin konnte aber auch bösen Zauber ausüben und schien sehr machthungrig zu sein. Bevor sie Herrin der Insel Aiaia wurde, war sie die Gattin des Fürsten von Kolchis im Schwarzen Meer gewesen, dem heutigen Kaukasus. Um die alleinige Herrrschaft zu gewinnen, tötete sie ihren Gemahl. Jedoch entdeckten ihre Untertanen den Gattenmord und akzeptierten Circe nicht als Herrin über Kolchis. Sie wurde entmachtet und mußte fliehen. Ihr Vater, der Sonnengott Helios, rettete sie, indem er sie auf seinen Strahlen auf die Insel Aiaia trug.

Im Altertum gab es noch kein karges Griechenland. Üppige Wälder, kunstvoll angelegte Gärten, Fruchtbäume und Heilkräuter sollen das Land überzogen haben. Die Zerstörung dieses Naturparadieses begann erst durch die gnadenlose Abholzung der Wälder in der Spätantike. Die Herrscher brauchten Schiffe für die Kriegsführung. Die Flora des gesamten Mittelmeergebietes war überaus reich an medizinisch wertvollen Pflanzen, und es gab in der Antike einen schwungvollen Handel mit allen Ländern, die man zu Wasser oder zu Lande erreichen konnte.

Auch Circe fand auf ihrer Insel all die Kräuter und Gewächse, die sie brauchte, um ihre Zaubersäfte herzustellen:

Alraune, Artemisia, Bilsenkraut, Brennessel, Efeu, Feigenbaum, Granatapfel, Hanf, Herbstzeitlose, Kamille und wohl auch Mohn und Pilze, aus denen man Rauschmittel herstellen konnte.

Ovid: *„Auch die Tochter des Sol (Helios) durchging die selbige Waldung, um sich neue Gewächse auf den fruchtbaren Höhen zu sammeln..."*

Die Herrin der einsamen Insel beherrschte die Magie der Pflanzen, die das Bewußtsein verändern und das Geheimnis von Leben und Tod in sich bergen. Die griechische

Sage erzählt uns, daß die göttliche Schamanin in einer Waldlichtung zwischen Löwen und Wölfen und anderen wilden Tieren gelebt haben soll. In einem prächtigen Steinhaus stand ihr großer Webstuhl, an dem sie oft singend saß und webte. Zerschnitt sie einen Faden, dann hatte sich ein Menschenschicksal besiegelt.

Waren all diese Tiere, von denen sie umgeben war, verzauberte Schiffbrüchige? Trieb sie mit ihren Versuchsobjekten neben ihren Initiationsriten grobe und herzlose Späße? Und wurden die zu Schweinen oder Rinder verwandelten Menschen gar zu Schlacht-oder Opfertieren?

Welche geheimnisvollen Zaubertränke und Mixturen gab sie den Schiffbrüchigen? Die meisten antiken Schriften sind verloren gegangen, und so können wir nur Vermutungen anstellen, welche besonderen Kräuter Circe ausgewählt und eingesetzt hat, um ihren Zauber auszuüben.

Mandragora, die Alraune, die in der Antike wahrscheinlich auch Moly genannt wurde, kann es gewesen sein, wird doch dieses sagenumwobene Gewächs auch Kirkaia genannt, Pflanze der Kirke. Eigenartig ist die Menschengestalt der Wurzel, und deshalb war und ist Vorsicht geboten beim Ernten der Mandragora. Besondere Rituale mußten eingehalten werden. Der Heilkundige Theophrast beschreibt uns, wie geerntet werden mußte:

„Man soll, so wird gesagt, drei Kreise mit dem Schwert um die Alraune ziehen und sie, mit dem Gesicht nach unten gewandt, schneiden, zweiten Stückes soll man um die Pflanze herumtanzen und soviel wie möglich über die Mysterien der Liebe sprechen."

Circe wird gewußt haben, wie sie die Alraunenwurzel herausziehen mußte, und sie kannte sicher auch die Zubereitung der Blätter, Früchte und Wurzel als Beruhigungsmittel und Aphrodisiakum. Der Trank wurde meist mit Wein hergestellt und konnte nicht nur Schmerzen lindern oder betäuben, von Depressionen befreien und die Schlaflosigkeit bekämpfen, sondern auch in höchstem Maße liebeshungrig und potent machen. Aber vor allem benutzten ihn die Hexen und Schamaninnen, um aus ihrem Bewußtsein herauszutreten, Visionen und Halluzinationen zu erleben und sich "*in die Lüfte zu heben*."

In einer Waldlichtung soll Circes Haus gestanden haben, jedoch der Seefahrer Odysseus, der König der Ithaker, spricht von einem anmutigen Tal. Dort sah er Rauch aufsteigen aus einem prächtigen Palast. Aber kennt man nicht Odysseus als einen Übertreiber und Schönfärber seiner Erlebnisse und Taten? Wie auch immer, ob Steinhaus oder Prunkschloß, er schickt seine Mannen und Späher voraus, nicht wissend, daß Circe auf der Insel Aiaia lebt und webt, am Schicksal flicht, Zaubertränke mischt und Menschen in Tiere verwandelt. Wie erstaunen aber die Männer von Odysseus, als ihnen im Hof von Circes Anwesen Wölfe und Löwen friedlich und zahm zur Begrüßung entgegenkommen!

Circe hat die Männer kommen hören, als sie singend am Webstuhl sitzt. Sie ruft ihnen freundlich entgegen und lädt sie ein, an ihrer Tafel zu speisen und zu trinken. Wie gerne folgt die Mannschaft des Odysseus dieser Einladung! Diese gastfreundliche wunderschöne Frau konnte kein Unheil bedeuten! Waren die tapferen Männer doch gerade vor den Laistrygonen, den Menschenfressern, geflohen und glücklich auf Circes Insel gelandet, nun hatten sie es verdient, verwöhnt und umhegt zu werden. Sie dürfen auf prächtigen Sesseln Platz nehmen und es werden ihnen sogleich die köstlichsten Speisen aufgetragen. Wahrscheinlich erfüllt aromatisches Räucherwerk den Raum. Bei keiner Zeremonie, ob in Tempeln, Palästen, einfachen Häusern, heiligen oder magischen Stätten, fehlten die harzigen Wohlgerüche der verschiedensten Hölzer.

In der Antike kannte man den Weihrauch, die Myrrhe, die Pistazie, die Zistrose, den Balsambaum. Rauch und Rausch standen in engem Zusammenhang, aber der Wohlgeruch war auch ein Symbol für das ewige Leben der Götter. Mag sein, Circes Gäste waren gleich nach dem Eintreten schon ein wenig berauscht und benommen, jedoch hat sie sicher auch ihre Wunderkräuter unter das Essen gemischt! Und kaum haben die zweiundzwanzig Männer gekostet, so werden sie plötzlich in zweiundzwanzig borstige grunzende Schweine verwandelt. Die Schamanin und Zauberin treibt sie zufrieden in die Stallungen.

Einer der Männer allerdings, Eurylochos genannt, hatte sich von Circes becircenden Tönen und den berauschenden Wohlgerüchen nicht locken lassen, sondern sich draußen versteckt gehalten und alles mit angesehen. Natürlich läuft er zurück zu Odysseus, berichtet entsetzt von dieser bösartigen Zauberin, und beide ergreifen Schwert und Pfeil und Bogen, um ihre Gefährten zu rächen. Der jugendliche Götterbote Hermes tritt Odysseus in den Weg und reicht ihm eine schwarze Wurzel, die Circes Zauberkraft brechen soll. Leider gibt es in der griechischen Mythologie keinen Hinweis darauf, um welche Pflanze es sich gehandelt haben könnte. Vielleicht das Bilsenkraut, das in einer bestimmten Zubereitung einen Menschen in Trance versetzen kann? Andere Quellen sprechen von Moly oder Alraune. Aber warum ist Circe dagegen nicht gefeit? Wahrscheinlich, weil Odysseus sich damit als "Eingeweihter" auf die gleiche Ebene wie die Schamanin begeben kann und somit von ihr als gleichberechtigt akzeptiert wird.

Ferner rät der Götterbote dem Abenteurer Odysseus, auf Circe mit dem Schwert loszugehen, als wolle er sie erschlagen, wenn sie ihn mit ihrem Zauberstab berühre. Circe würde dann gefügig werden und die Gefährten aus dem Schweinestall zurückverzaubern. Also hatte Circe auch ihre schwachen Stellen und wunden Punkte! Sie selbst öffnet dem König von Ithaka die Tür und führt ihn zum Sessel. In einer goldenen Schale reicht sie ihm vom vergifteten Traubenmus, von dem Odysseus dann auch probiert. Sogleich will Circe ihn mit ihrem Zauberstab berühren und ebenfalls als Borstenvieh zu den anderen Schweinen in den Stall schicken.

Doch der mutige König und Seefahrer tut, wie Hermes ihm angeraten, Circe wirft sich schreiend zu Boden und umfasst Odysseus Knie. Wer ist er, daß er ihren Zauber brechen kann? Kein Sterblicher hat je der Kraft ihres Trankes und ihrer Speise widerstanden! Ist er etwa Odysseus, von dem ihr einst Hermes geweissagt hat, nur er, der König von Ithaka, könne ihre Zauberkraft brechen? Ovid läßt sie in den Metamorphosen sagen:

„Ich, da Göttin ich bin, da der strahlende Sol (Helios) mich gezeuget, da ich mit Kraute so viel und so viel mit Beschwörungen leiste, schmacht´ ich, die Deine zu sein.....”

Meine Göttin! Circe, du wirfst dich einem Mann zu Füßen, muß das sein? Bist du nicht die Tochter des Sonnengottes Helios und der Mondgöttin Perse? Hast du das nötig?

So etwas kann nur die Liebe schaffen! Weißt du denn nicht, daß Penelope, die liebende Gattin deines Gastes, schon jahrelang verzweifelt auf die Heimkehr des Seefahrers wartet? Wie du, sitzt sie am Webstuhl und webt. Webt jeden Tag die Lebensmuster ihres fernen Mannes in das Tuch, um am Abend alles wieder aufzulösen und zu entweben, denn wenn sie einen Faden durchtrennen würde, wäre auch Odysseus Lebensfaden durchschnitten, und es wäre ein Zeichen für die vielen wartenden Freier, denn Penelope müßte sich endlich für einen entscheiden.

Circe hat begriffen, wer nun für einige Zeit ***ihr*** Schicksal ist. Dieser Seefahrer! Sie schwört einen heiligen Eid, ihn unversehrt zu lassen und verspricht ihm, seine Gefolgsleute wieder zu Menschen zu machen. Wie groß ist die Freude, als sich die treuen Männer aus ihrer borstigen Hülle schälen können, nachdem Circe sie mit ihrem Zauberstab berührt hat!

Die Zauberin ist von dem charismatischen König der Ithaker verzaubert und überredet ihn, eine Weile als Gast bei ihr zu bleiben. So wird denn das Schiff des Odysseus und seiner Männer an Land gezogen, die Ladung in einer Felsenhöhle verborgen, und alle lassen sich eine Zeitlang von ihr verwöhnen. Es muß eine lange Zeit voller Lust und Liebe gewesen sein, denn es heißt, daß Circe und Odysseus drei Söhne bekamen. Darunter Telegonos, der später, ohne es zu wollen, seinem Vater zum Schicksal wird. Aber das ist eine andere Geschichte.

Als Odysseus dann doch endlich die kräuterkundige Göttin verlassen will, ist sie zwar untröstlich, aber sie weiß, er muß fort, es ist seine Bestimmung. Und so ist sie doch so fair, ihn vor Skylla und Charybdis zu warnen, den gefährlichen Seeungeheuern. Sie rät ihm auch, einen Umweg durch das Schattenreich, die Unterwelt, zu machen, um beim blinden Seher Teiresias die Zukunft zu erfragen. Circe weiß auch von den Sirenen und fleht ihren Geliebten an, sich an einen Mast binden zu lassen, um dem Gesang der betörenden Seenymphen zu widerstehen und ihre blumigen Wiesen zu meiden ...

Auch hat sie den geliebten Abenteurer und seine ausgeruhten Männer mit Proviant versehen und beschwört Odysseus, keinen der Stiere ihre Vaters, des Sonnengottes Helios, zu töten, die auf der Insel Thrinkria grasen, weil das ein Unheil geben könnte. Sie entläßt diesen schönen Mann nur ungern. Er hat sich von ihr "becircen" lassen, das heißt nicht, daß sie ihn versklavt hat, sondern er ist ihren "Einweihungen" willig gefolgt. Die weise Circe! Sie weiß so viel! Durch sie findet Odysseus seine wahre Bestimmung wieder, durch sie erlangt er die Fähigkeit, Dinge klarer zu sehen und Schicksale zu ertragen. Circe beherrscht und verzaubert die Männer, aber sie zerstört sie nicht. Es sei denn, sie haben es nicht anders verdient und landen in ihrem Schweinestall!

Ansonsten hat sich Circe offenbar nie um die komplizierten Familienkonstellationen im Könighaus von Ithaka gekümmert. Später heiratete sie Telemachos, den Sohn des Odysseus und der Penelope. Aber auch Penelope schien keine Skrupel zu kennen, verehelichte sie sich doch mit Telegonos, dem Mörder ihres jahrelang herbeigesehnten Gatten. Es ist der gemeinsame Sohn von Circe und Odysseus. Noch heute gibt es in Thrakien einen Rundtanz, der Kirkos genannt wird. Er ist vielleicht ein Überbleibsel aus antiker Zeit. Ein Wandlungstanz zum Vollmondfest zu Ehren dieser lebensfrohen Schamanin, die unsterblich ist und bleiben wird...

SCHAMANINNEN - gestern und heute

Kaissa,

die Wissende aus dem Norden

Gisela Klönne

Nennen wir sie Kaissa oder Die Wissende aus dem Norden

Schmerzvolle Liebe
so wie eine krumme Birke
am Rande des Fjälls
so ist mein Leben
gezüchtigt vom Wind
So wie der Stamm der Birke
leuchtet vor der schneefreien Erde
so sehne ich mich nach dem Fjäll
den Hochebenen und Wohnplätzen
Das ist mein Leben
was ich liebe
Paulus Utsi "Giela Gielain"

Sie könnte Kaissa geheißen haben. Eine andere Sirpa. Sáráhkká oder Juoksáhkká, wie zwei ihrer Göttinnen. Sie waren *noajdden*, die Wissenden, sie waren Schamaninnen. Es gibt kaum Spuren von ihrem Leben. Beinahe verloren sind auch die Traditionen ihres Volkes, der Sami, aus dem hohen Norden Europas. Heute leben noch 70.000 Sami in den Staaten Finnland, Schweden, Norwegen und Rußland. Doch diese Nachfahren wissen nur wenig von den *noajdden*. Im siebzehnten Jahrhundert waren die christlichen Missionare nach Lappland gekommen. Sie duldeten keine fremden Gottheiten und Priester, sie duldeten keine mächtigen Frauen. Und so ist über die Schamaninnen Lapplands heute noch weniger bekannt als über die männlichen *noajdden*.

Wir sehen nur, was wir zu kennen glauben. Als die Fremden in die eisig-unwegsame Wildnis jenseits des Polarkreises vordrangen, hegten sie keine Zweifel, wie die Stellung der Frau bei dem buntgekleideten Nomadenvolk zu sein hatte, das sie Lappen nannten. Frauen gebaren Kinder. Sie hüteten das Feuer in den Zelten und Hütten, die auf samisch Koten heißen, also, dachten die Fremden, dienten sie ihren Herren, so wie die eigenen Frauen das taten. Zumindest wollten die Eindringlinge, daß das so war. Vielleicht haben sie auch wirklich nicht erkannt, daß es Schamaninnen gab, Wissende, die mit den Göttern und Geistern sprachen. Und vielleicht haben die Fremden auch nicht bemerkt, daß in den Samedörfern, den *sijddas*, bei ihrer Ankunft beide Geschlechter gleichberechtigt miteinander gelebt hatten.

Die Missionare waren stark. Bald hat ihnen niemand mehr gesagt, daß der Platz der Frau am Feuer gegenüber des Zelteingangs heilig war, weil hier eine der Göttinnen der Kote wohnte. Die Eindringlinge erfuhren nicht mehr, daß der Extraeingang am Küchenplatz nur für die Heilige bestimmt war. Sie ignorierten, daß Männer wie Frauen - zu Fuß im Sommer, auf Skiern im Winter - für die Rentiere sorgten. Irgendwann konnten sich die Sami selbst kaum noch daran erinnern. Und so berichten die Hinweistafeln in der ständigen Sami-Ausstellung im Stockholmer Nordisk-Museum oder im Sami-Museum Ajtte in Jokkmokk wenig von den starken Frauen Lapplands und gar nichts von weiblichen *noajdden*. Und doch gab es sie. Wie ihr Leben gewesen sein mag, läßt sich nur bruchstückhaft rekonstruieren. Dieses Schicksal teilen sie mit ihren weisen, einst ebenfalls geachteten Schwestern von anderen Naturvölkern, den Indianern, Inuit, Aborigines oder den sibirischen Tschuktschen und Jakuten. Die Unterwerfung der Wilden im Namen der Zivilisation ist traurige Historie auf allen Kontinenten. Auch die Schamaninnen Lapplands sind dadurch verstummt. Heute üben sie ihren Zauber allenfalls im Verborgenen aus - und nicht, ohne dabei auch den Christengott mit Gebeten zu beschwichtigen.

Vielleicht hieß in den alten Zeiten eine der *noajdden* Kaissa, war Mittelpunkt ihrer *sijdda*, des Dorfes, schlug die Trommel, sang den Joik, sprach mit den Geistern, heilte die Kranken, besuchte die Toten. Als die Missionare kamen, haben sie ihr und den anderen *noajdden* den Gesang und das Schlagen der Trommel verboten. Dann haben sie ihnen die Trommeln entrissen und diese heiligsten aller Familienbesitztümer im Namen ihres strengen Gottes verbrannt. Hell flackerten die Scheiterhaufen. Nur siebzig samische Trommeln entgingen den Flammen. Sie werden heute in Museen auf der ganzen Welt gehütet.

Die Fremden haben die Sami getauft und in die Kirchen getrieben. Sie haben ihre Kinder in den Schulen unterrichtet und sie die fremde Sprache gelehrt. Später haben sie den Sami die eigene Sprache verboten. Da konnten die Kinder der Sonne und des Windes nicht mehr wie bisher über den Schnee, das Wetter, den Wald oder die Rentiere sprechen. Denn alle neun samischen Dialekte hatten über einen extrem großen Wortschatz für die Natur verfügt, der nun fehlte. Heute versuchen die samischen Nachfahren mühsam, diese anerzogene Sprachlosigkeit zu überwinden und das mit den alten Worten verloren gegangene Wissen wieder zu erwerben. Aber die Fremden nahmen ihnen noch mehr. Sie griffen nach den Reichtümern des Nordens und lehrten die Sami, die Natur zu beherrschen, statt sie zu ehren. Erz wurde abgebaut, Wälder gerodet, Wasserfälle und reißende Flüsse zu gigantischen Energielieferanten deformiert. Schließlich, in den sechsziger Jahren, gelangten Motorschlitten und Walkie-Talkies nach Lappland. So wurden die letzten nomadisierenden Rentierhirten seßhaft, weil sie nun auch im Winter weite Strecken zurücklegen konnten. Das alte Leben starb. Und weil Frauen nicht stark genug waren, die schweren Motorschlitten zu lenken, verschwand auch das letzte bißchen gleichberechtigte Arbeitsteilung: Das Leben mit den Rentieren wurde zur Angelegenheit der Männer.

"Sápmi" nennt die einzige noch lebende Urbevölkerung Europas ihr Land, mit dessen Natur sie Jahrtausende lang in Einklang gelebt hatte. Als "Volk der Sonne und des Windes" bezeichnen die Sami sich selbst. In den alten Zeiten, als sie noch mit den Rentieren durch die Wälder und Fjälls, über die Flüsse und Seen, auf die Berge und in die Täler zogen, lebten die Götter mitten unter ihnen. Biejvve, die Sonne, war ihre Mutter, die die Lebenskraft gab. Biegga Almaj, der Windgott, lenkte mit seinen kalten, milden, warmen oder eisigen Atem die Geschicke seiner Kinder. Er konnte das Wild wegtreiben oder zur leichten Beute machen. Er konnte Schnee bringen oder den Himmel aufreißen, damit die große Mutter wärmen konnte. Sie, die Sonne, war das zentrale Symbol auf allen *noajdde*-Trommeln.

Die Sami beteten auch die anderen Naturgottheiten an und huldigten ihnen an den Opferplätzen. Solche *siejdde* konnten ausgefallene Felsformationen sein, bestimmte Berge, Seen oder Wasserfälle. Man opferte an Gedenktagen, zu bestimmten Jahreszeiten oder bei besonderen Ereignissen wie einer bevorstehenden Jagd. An Seen konnte es einen *siejdde* geben, um Glück beim Fischen zu erbitten. Rentierhorn, Blut, Knochen oder Fisch waren typische Opfergaben. Der Bär galt als heilig. Ihn zu töten und zu essen war eine rituelle Handlung. Nach der Mahlzeit mußten all seine Knochen in der gleichen Ordnung wie beim lebenden Tier begraben werden. So wurde der Geist des Bären befriedigt. So würde er sich nicht an den Menschen rächen, sondern den Göttern von ihrem Leben erzählen.

Im Inneren einiger Berge und auf dem Grund mancher Seen gab es noch eine zweite Welt. Sie hieß *sájvva*, die Unterwelt, und war das Paradies der Sami. In *sájvva* wohnten die Toten. Diese Uldas lebten wie die Sami, nur in glücklicheren Verhältnissen. Das Sájvva-Volk war schön und stattlich, es hatte prächtige Rentierherden, warme Koten, köstliches Wild und Fisch im Überfluß, glaubten die Sami. Manchmal mischten sich die Uldas unter die Lebenden, aber nur wenige Menschen konnten sie sehen. Die Wohnplätze des Sájvva-Volkes galten als heilig.

Wer *noajdde* war, konnte mit den Uldas sprechen und so die Ahnen um Rat und Hilfe bitten. Wer *noajdde* war, konnte auch den Willen der Gottheiten ergründen. Schamanen und Schamaninnen waren die Weisen, die Mittler zwischen der Welt der Götter und der Welt der Menschen und deshalb die wichtigsten Mitglieder jeder *sijdda*. Um in die jenseitigen Welten zu reisen, schlugen die *noajdden* die Trommel. Ihr Rhythmus und der *joik* versetzte sie in Trance, die sie für ihre Reisen brauchten. Oft standen ihnen Schutzgeister zur Seite. Das konnten Vögel sein, Rentiere, Fische oder auch der heilige Bär. Sowohl Männer als auch Frauen konnten Schamane werden. *Noajdden* überwanden ja die Grenzen zwischen Göttern, Welt und Unterwelt, zwischen Leben und Tod. Zum Wesen ihres Seins gehörte das Auflösen von Gegensätzen. Die Schamanen vieler Naturvölker hatten deshalb oft eine androgyne Ausstrahlung – als hätten sie auch die irdischen Geschlechtsrollen überwunden. Bei sibirischen Urvölkern, deren Lebensweise jener der Sami recht ähnlich gewesen sein muß, war die Androgynität der Schamanen besonders augenfällig. Die Schutzgeister der Tschuktschen verlangten von den männlichen Initianden sogar, daß sie sich im Verlauf ihrer Ausbildung zum Schamanen wie Frauen kleideten, deren Arbeit verrichteten und Verhalten übernahmen. Ob dies auch bei den Sami der Fall war, ist nicht überliefert. Daß es aber Schamaninnen bei ihnen gab, kann als sicher gelten.

Wenig ist vom Wesen der *noajdden* Lapplands überliefert. Ihre Trommeln wurden zerstört, die Natur, Quell ihrer Inspirationen, ist bedroht, ihre Gottheiten sind verdrängt. Wer im Einklang mit der Natur gelebt hat, hinterläßt wenig Spuren: ein paar Fanggruben in der Tundra, die Reste eines Siedlungsplatzes am See, eine Grabstätte auf einer Insel – mehr nicht. Selbst in die Mythen der Sami hat sich das christliche Gedankengut geschlichen. Nur ein paar Höhlenzeichnungen im steinzeitlichen Röntgenstil, den die Sami noch bis zur Christianisierung im 17. Jahrhundert in den Symbolen auf ihren Trommeln verwendeten, zeugen unverfälscht vom Wesen der *noajdden*.

Der sogenannte Röntgenstil offenbarte das Innenleben der dargestellten Figuren, oft wurde ihr Inneres auch nur durch eine Lebenslinie angedeutet. Im Röntgenstil gezeichnete Tiere stellten Geistertiere dar, also die Essenz eines Tieres, seine Seele, aus der sich reale Tiere immer wieder erneuern konnten. Mit derselben Kraft schlugen auch die Schamanen eine Brücke zwischen Seele und Körper, trafen Weissagungen und übten ihre Heilkünste aus.

Wenig ist von den Zaubereien der *noajdden* überliefert. Als "arktisches Irresein" haben Ethnologen die schamanistischen Grenzgänge zwischen den Welten bezeichnet, weil sie gerade in den subarktischen Gebieten der Welt besonders ausgeprägt gewesen sind. Die Berufung zum Schamanen erfolgte der Überlieferung nach bei allen Naturvölkern durch extreme Grenzerfahrungen, wie der Überwindung einer lebensbedrohlichen körperlichen oder psychischen Krankheit. Auch in den Initiationsritualen spielte die Überwindung von Tod, Angst und Schmerzen eine wichtige Rolle. Die grönländischen Inuit erzählen von Initiationsriten, in denen die künftigen Schamanen fünf Tage lang kopfüber in zugefrorene Gewässer gehängt wurden und überlebten. Ihre Schamanen hatten dann angeblich die Kraft, um die Erde und sogar bis zum Mond zu fliegen. Vor ihrer Berufung galten Schamanen oft als "verschämt", verrückt oder kränklich.

Zuviel ging verloren und dennoch ist sicher: Es gab Schamaninnen in Sápmi, dem Land der Sonne und des Windes. Und eine von ihnen könnte Kaissa geheißen haben. Sie könnte nach der Eiszeit, 3000 vor Christus gelebt haben, 500 oder 1500 nach Christus oder sogar noch im 19. Jahrhundert. Nennen wir sie Kaissa. Zweifach verschüttet ist ihre Geschichte. Und doch könnte es sie gegeben haben. Was würde sie erzählen?

„Ich bin noajdde, die Wissende, würde sie sagen... *„Ich wurde geboren in einer Winternacht, die so dunkel war, daß der Weltenpfeiler, den ihr Polarstern nennt, aussah, als wolle er auf die Erde herabsteigen und Stàlos Hunde mitbringen, die grimmig blinzelten. Ich wußte damals nicht, daß dieses Zeichen mir galt. Mein langer, schmerzhafter Weg zum Wissen lag noch vor mir. Ich bin Kaissa, und in jener Nacht des Frühlingswinters nach meiner Geburt tanzten die Toten mit ihren flackernden Lichtern über den Himmel und erfüllten meine Mutter mit Angst. Aber noch war ihre Zeit nicht gekommen. Erst ein halbes Jahr später, auf den Wanderungen im Herbstwinter, hat Máttaráhkko, die große Stammutter, sie zu sich gerufen.*

Ich bin Kaissa, und ich wurde geboren im Schnee, in der großen Dunkelheit, in einem Land, so still, daß ich den Gesang der Uldas hören konnte und den Atem der Götter. BieggaAlmaj, der große Windgott, trug ihre Melodien zu mir. Sie klangen im Knirschen der Rentierhufe auf dem glitzernden Weiß, im Ächzen der schneegebeugten Birken, im Knarren der Eisplatten auf den großen Strömen und manch-

mal auch im Knistern des Feuers in unserer Kote. Ich lauschte und trank die Milch meiner Mutter und wuchs. Ich wollte immer schneller wachsen, damit ich zu den Uldas könnte. Es gab Bewohner in unserer sijdda, die sagten, mein großer Hunger habe die Mutter getötet. Weil ich so oft schrie, hat sie mich trotz des eisigen Nordwindes während der Wanderungen gefüttert. Eines Tages ist ihr die Kälte in die Brüste gefahren, hat darin ein Feuer entzündet und schließlich ihr warmes Fleisch vergiftet.

Während die Mutter schrecklich litt, haben sie mich fast vergessen. Aber ich schrie immer noch laut genug und da hat mir die Tante Rentiermilch gegeben. Dann ist die Mutter allein zu den Uldas gereist und niemals wiedergekommen, und der Gesang des Sajvve-Volkes wehte mich lauter an denn je und erfüllte mich mit solcher Sehnsucht, daß es mir schier das Herz zerriß. Sechszehn Jahre wurde ich nicht mehr froh. Ich kränkelte so viele Sommer und Winter, wie das kurze Leben meiner Mutter gewährt hatte.

LejbAlmaj, der Herrscher des Wildes, hat mir den Vater genommen. Zwei Frühlingssommer nach dem Tod der Mutter sind er und drei andere unserer sijdda zur Bärenzermonie in den Wald gezogen. Sie kamen nie wieder zurück, und von da an mußten mir Rentierfelle und Birkenreisig als Schutz gegen die Kälte genügen. Die Menschen meines Dorfes haben mir Milch und Fleisch gegeben, Fisch und Beeren, sie haben mich angekleidet und mich in der Pulka hinter meines Vaters liebster Rentierkuh durch Sápmi gezogen, wenn es an der Zeit war, daß wir zur Frühlingsweide reisten, oder im Herbstwinter wieder zurück zu meiner Geburtsstätte.

Die Gemeinschaft der sijdda hat für mich gesorgt, aber ich hatte keine Gefährten. Trug in mir eine Einsamkeit, die tiefer war als der heilige See in den Bergen Pietsaures, an den wir die Herden zur Sommerweide führten. Die anderen Kinder haben mit den Lassos gespielt. Ich war zu schwach und schüchtern. So lernte ich, die große Mutter der Sami zu lieben, die mir die Kälte aus den Knochen trieb und das eisige Heiligtum zwischen den schneebedeckten Gipfeln blau funkeln ließ.

Ich bin Kaissa, und als ich im fünften Frühlingssommer meines Lebens am heiligen See von Pietsaure saß, hörte ich den Gesang der Uldas lauter denn je. Erst klang mich ein Murmeln und Plätschern an, ich schwöre, es kam aus dem Jenseits der Tiefe. Dann sah ich den Prachttaucher. Mit Klagerufen, unwirklich wie die Lieder aus Sajvve, lockte er mich. Da wußte ich, daß wahr war, was ich die Alten am Feuer hatte reden hören, daß nämlich das Sajvve-Volk in einer Welt lebte, die auf dem Grund dieses Sees begann – Boden an Boden mit der unseren. Und daß manche Tiere zwischen den Welten wanderten.

Der Prachttaucher glitt über das spiegelnde Blau, fort von mir, hinaus auf den See. Ich hatte keine Wahl, ich mußte ihm folgen. Als er unter der Wasseroberfläche verschwand, tat ich es ihm nach. Aber ich war kein Vogel und, ach, auch kein Fisch, und da zürnte der See. Führte mich nicht in die Unterwelt, griff kalt nach meinem Herzen, machte es dunkel um mich, spuckte mich wieder aus. Zwei Monde lang haben sie um mein Leben gekämpft. Ich fühlte es nicht. Konnte nicht atmen. Konnte nicht sterben. Wand mich in schrecklicher Hitze. Keuchte und würgte und spuckte und wurde den Geist des Prachttauchers doch nicht los. Ich hatte nicht aufgepaßt. Da war mir der Vogel in die Brust gefahren, und nun konnte er nicht mehr heraus und peinigte mich. Riß mit Krallen und Schnabel an meinen Eingeweiden, fraß sie auf. Da hat der noajdde seine Trommel geschlagen und seine Schutzgeister losgeschickt, und die haben die Schamanin aus der sijdda im Süden geholt, die eine, die mit den Vögeln sprechen konnte. Ihr joik hat den Prachttaucher schließlich beschwichtigt, ihr bitterer Trank ist der erste Geschmack meines zweiten Lebens.

Ich bin Kaissa, die Wissende, und wuchs heran mit dem Geist eines Prachttauchers in meiner Brust, der mir das Atmen schwer machte. Kein Mann wollte mich lieben, als mein erstes Blut geflossen war. Zu groß war ihre Furcht, sie müßten mich schon allzu bald auf die steinige Insel neben meine Eltern betten. Weil ich zu schwach war, die Rentiere zu hüten und den Rauch des Herdfeuers nicht vertrug, haben mich die Bewohner meiner sijdda, wann immer es ging, in die Wälder geschickt. So lernte ich die Früchte Sápmis kennen, die Beeren und Kräuter und Pilze.

Als ich die Einsamkeit nicht mehr ertragen konnte, lehrte ich mich das joiken. Weil ich den Prachttaucher befreien wollte, schrie und sang ich meinen Atem aus den Lungen. Wenn ich es schaffte, den Wald zu joiken, das Ren, den Elch, den Schneehasen, den Vielfraß, die Multebeere, den Sauerampfer, die Flechten, ließ der Schmerz in meiner Brust nach. So lernte ich, die Seele des Waldes kennen. Manchmal, wenn ich sehr lange gejoikt hatte und sehr rich-

tig, antworteten mir die Götter. Dann hörten selbst die Mücken auf, mich zu quälen, stimmten in den Gesang der Unterwelt ein, umtanzten mich, stachen mich nicht mehr.

Ich bin noajdde, und das erste Wesen, das ich zu lenken lernte, war ein sehr kleines: die Mücke. So lernte ich meine Macht kennen, denn kaum ein Bewohner der Wälder kann das Wohlbefinden der Menschen mehr beeinträchtigen als sie. Ich hütete mein Wissen und lernte, die Mücken zu joiken, dann lernte ich, sie mir ohne Gesang vom Leibe zu halten. Nun konnte ich so lange ich wollte durch die sommerhellen Wälder ziehen und mußte nicht länger den rauchigen Schutz des Kotenfeuers suchen. Da peinigte mich der Prachttaucher nicht mehr so sehr. Aber noch war mein Weg nicht zu Ende. Mein siebzehnter Winter nahte, kalt war er, oh, so kalt, daß schon im Herbstwinter der Schnee zu einer harschen Kruste erstarrte, die die Nüstern der Rentiere wund rieb, wenn sie nach Flechten und Laub gruben. Wieder kam die Dunkelheit. Wieder drohte Tjuollda, der Weltenpfeiler, unter dem Gewicht des Himmelsgewölbes, das auf ihm lastet, herabzustürzen. Doch diesmal war ich bereit, dem Ruf der Sterne zu folgen. „Aufs Eis, aufs Eis, aufs Eis mit dir," blinzelten Stálos Hunde vom schwarzen Firmament. Da wußte ich, daß ihr böser Herr mich begehrte und daß er, wenn ich mich verweigerte, wieder eine andere statt meiner holen würde. Wie damals am heiligen See hatte ich keine Wahl. Aufs Eis rief mich Stálo - ich gehorchte ihm. Warf meinen Umhang ab, das Kleid, die Gamaschen, die Schuhe aus Fell, man durfte niemals Angst vor Stálo haben, dann war er machtlos, erzählten die Alten.

Ich trat aufs Eis und joikte die Nacht. Joikte den Weltenpfeiler, der alles trug, alarmierte den glitzernden Bogenschützen. Da hörte Stálo auf, mich zu rufen. Dann wehten die Lieder des Sajvve-Volkes mich an und ein Lachen, so rein wie das Eis vom heiligen See, drang in mein Herz. Und dann breitete der Prachttaucher in meiner Brust seine Flügel aus und kam endlich frei. Kam frei und führte mich hoch hinauf in die funkelnde Schwärze, vorbeí an Stálos Hunden, die nun jaulend die Köpfe einzogen. Sie sollten mich nie wieder ängstigen.

Ich bin Kaissa, noajdde, die Wissende, und wurde in jener Nacht von Jabme-Akho umarmt. Ohne zu sprechen schloß mich die große Wächterin des Tors zwischen Leben und Tod in ihr Herz, segnete auch den Prachttaucher, der nun mein Gefährte war, nicht mehr mein Peiniger. Da wich die Einsamkeit aus meiner Seele, und ich lernte vom Himmel auf Sápmi zu blicken und zu verstehen.

Später haben sie meinen Körper gefunden und in die Kote getragen. Mit tausend Messern bohrte sich die Hitze des Feuers in meine Glieder und rief mich zurück, und ich lachte und sprach, wie nie zuvor. „Ich bin noajdde und werde nach Süden gehen, zu der, die mit den Vögeln spricht, und wenn ich weiß, was sie mich lehren kann, komme ich wieder," sagte ich damals. Da haben sie mir die alte Trommel gegeben, die lange Jahre niemand geschlagen hatte.

Ich bin Kaissa, die Wissende, die Seele meiner sijdda. Schlage die Trommel, singe den joik, deute die Zeichen, hole die Säuglinge, tröste die Toten, heile die Kranken, pfle-

ge die Herden, beschwöre die Wildnis, fliege mit den Vögeln, ehre und hege, was Sápmi uns gibt.

Höre die Stimme der Stammütter
Höre Bruder
Höre Schwester
Höre die Stimme der Vorfahren
Warum läßt du die Erde leiden
vergiften und peinigen
Höre Bruder
Höre Schwester
Höre die Stimme der Vorfahren
Die Erde ist unsere Mutter
Nehmen wir ihr das Leben
sterben wir auch.
Mari Boine, samische joik-Sängerin

Nora Kircher

María Sabina, die Stimme der *niños santos*, der heiligen Pilze

Crisanto hatte sein Feld bestellt und wollte Laub und Unkraut verbrennen. Der Wind blies so unglücklich, daß Flammen das daneben gelegene Maisfeld zerstörten. Crisanto schämte sich so sehr für sein Mißgeschick, daß er es niemandem erzählte. Schande käme über sein Haus. „Hoffentlich bestraft mich der *Herr der Donner* nicht", war seine größte Angst. Jener bestraft nämlich alle Plünderer - seien es Menschen oder Tiere - mit dem Tod. „Es war doch nur ein Versehen, vielleicht bestraft er mich nicht" so hoffte er. Erst als ein Geschwür ihn so krank machte, daß er es nicht mehr verbergen konnte, erzählte er von seinem Mißgeschick. Zu spät, denn kein Heiler konnte ihn retten. Er starb, als seine älteste Tochter María Sabina drei Jahre alt war. Das geschah im Jahre 1894. María Sabina und die jüngere Schwester María Ana mußten wegen der großen Not von nun an mitarbeiten und Ziegen hüten. Oft war der Hunger so groß, daß sie beim Ziegenhüten rohe Pilze aßen, so auch jene, die María später für rituelle Heilzeremonien nutzte.

María Ana wurde zu ihrer wichtigsten Lebensgefährtin, denn sie verbrachten alle Zeit, die sie hatten, miteinander. Beide gingen nicht zur Schule. María Sabina lernte zeitlebens weder Schreiben noch Lesen oder gar Rechnen, was ihr später Nachteile bringen sollte, von denen sie allerdings nie etwas ahnte. María Sabina lernte nur so wenige spanische Wörter, daß sie selbst an einem einfachen Gespräch, in dieser

Maria Sabina

Sprache, nicht teilnehmen konnte. Auch das wurde ihr später zum Nachteil, ohne daß sie es je erfuhr.

Ihre Kindheit verbrachte sie auf den Feldern der südmexikanischen Provinz Oaxaca, in der Nähe ihres Heimatdorfes Rio Santiago. Die Armut ihrer Familie war so groß, daß María Sabina zeitlebens keine Schuhe trug. Der Fußboden ihrer ärmlichen Hütte war, wie bei fast allen Dorfbewohnern, ein festgestampfter Lehmboden, der, mit einer Matte bedeckt, auch als Schlaflager diente. Da es nachts abkühlte, schliefen sie in ihrer Kleidung.

Sobald María Sabina etwas älter wurde, weihten sie die Verwandten in die *veladas,* (Heilzeremonien) mit den heiligen Pilzen *(niños santos)* ein. Dies geschah nur flüsternd, denn über die Pilze darf nur mit leiser Stimme gesprochen werden, wobei der mazatekische Name, *teonanácat* (Fleisch der Götter) oder *nanácatl* (Fleisch, Pilz) nicht ausgesprochen werden darf. María Sabina nannte die Pilze, die von Juni bis September und in kälteren Zonen sogar bis Dezember wachsen, *niños santos* (göttliche Kinder) oder *cositas* (Dingchen). *Niños* sind das Blut Christi und dürfen nur paarweise, ungekocht bei Dunkelheit gegessen werden. Werden *veladas* in der Ehe abgehalten, wird die Reinheit der Pilze zerstört - die Frau wird verrückt und dem Mann faulen die Hoden ab - so der mazatekische Glaube. So kam es, daß María Sabina, kaum vierzehn Jahre alt, keine *veladas* durchführen konnte, da sie heiratete. Sie gebar drei Kinder und wurde sechs Jahre später zur Witwe.

Niños aß María Sabina nur zur Selbstheilung, erkannte aber in dieser Zeit, daß sie zur Heilerin geboren war. Um ihre Kinder und ihre verwitwete Mutter zu ernähren, bestellte sie ihr Feld und schuftete so hart, wie es sonst nur die Männer taten. Nebenbei handelte sie mit Töpfen, Brot, und Kerzen. Für *veladas* blieb ihr keine Zeit.

Doch eines Tages wurde ihre geliebte Schwester María Ana schwer krank, so krank, daß María Sabina in ihrer Angst um María Anas Leben - herbeigerufene *curanderos* (Kurpfuscher) hatten sie schon aufgegeben - während einer *velada* ein große Menge *niños* aß.

„Plötzlich hörte ich eine Stimme, eine Stimme, die sanft und streng zugleich war."

Die Stimme erklärte ihr: *„Das sind die Grundexistenzen."* Vor ihren Augen erschien ein geöffnetes Buch. Es war nicht real existent, aber sie konnte es sehen. Die Grundexistenzen sprachen zu ihr:

> *„María Sabina, dies ist das Buch der Weisheit. Es ist das Buch der Sprache. Alles was in ihm beschrieben steht, ist für dich bestimmt. Das Buch gehört dir. Nimm es und arbeite damit."*
>
> *„Wenn ich veladas abhalte, spreche ich zu den Heiligen: zum Herrn Santiago, zum Heiligen Josef und zu Maria. Ich nenne sie beim Namen in der Reihenfolge, wie sie erscheinen. Ich weiß, daß Gott sich aus allen Heiligen zusammensetzt. So, wie wir alle zusammen die Menschheit bilden, so bilden alle Heiligen zusammen Gott. Deshalb gebe ich keinem Heiligen den Vorzug. Alle sind gleich, alle haben die gleiche Kraft, niemand hat mehr als der andere."*

María Sabina vertraute nur auf das, was die *niños* ihr sagten. María Sabinas Kraft war die *Sprache*. Andere Weise, so auch Toribio García - der ein paar Straßen weiter wohnte - suchten Licht oder nutzten Maiskörner, um eine Antwort zu bekommen.

> *„Während meiner veladas kann ich sehen, woraus unser kleiner Christus gemacht ist. Er ist ganz nah bei mir. Aber ich kann ihn nicht berühren. Es gibt Augenblicke, in denen ich mit den Händen das fassen möchte, was ich sehe, doch da ist nichts. Das bringt mich manchmal zum Lachen. Ich betrete eine andere Welt. Sie ist ganz anders als die, die wir bei Tageslicht sehen. Es ist eine wunderschöne Welt, aber sie ist unerreichbar. Es ist wie im Kino."*

María Sabina wurde einmal nach Huautla, der nächsten Stadt, ins Kino eingeladen - ein für sie unvergessenes Erlebnis.

> *„So empfinde ich die Wirkung der cositas. So sehe ich die Heiligen. Einer erscheint und ich nenne seinen Namen; erscheint ein anderer, so spreche ich dessen Namen aus. Wenn Benito Juárez erscheint, dann nenne ich ihn beim Namen. Manchmal tauchen die Grundexistenzen auf. Ich sehe mich dann, wie ich mit ihnen Bier trinke; ein anderes Mal trinken wir Schnaps. Ich sehe Tiere, zum Beispiel riesengroße Schlangen, aber ich fürchte sie nicht, denn sie sind auch Geschöpfe*

Gottes. Seltsame Tiere erscheinen. Tiere, die man noch nicht auf dieser Welt gesehen hat. Nichts von dem, was die niños einem zeigen, sollte zum Fürchten sein. Meine ganze Sprache steht in dem Buch, das man mir gegeben hat. Ich bin die, die liest, die Übersetzerin. Das ist mein Vorrecht."

María Sabina hielt *veladas* zum Heilen und mit dem Ziel, Gott zu begegnen, ab. Entsprechend unterschied sich die *Sprache*. Neben den Pilzen verwendete sie auch *San Pedro,* ein Gemisch aus Tabak, Kalk und Knoblauch, das von ihr und den Kranken gekaut wurde. In der Zeit, in der keine Pilze wuchsen, verwendete sie die Blätter der *pastora*, einer Salbeipflanze.

Während María Sabina *veladas* abhielt, sang sie zeremonielle Lieder, basierend auf Psalmen und Oden der Hohepriester von Montezume, überlagert von römisch-katholischen Inhalten.

Niños gehören zur Gattung der *Psilocybin* - Pilze, auch Rauschpilz genannt. Der Wirkstoff, Psilocin und Psilocybin, ist mit dem Mutterkornalkaloid verwandt. Sie wachsen in Mittelamerika, vor allem in Mexiko. Aus derselben Pilzfamilie stammend, wachsen hier in Europa ebenfalls berauschende Pilze, die bis heute, verbotenerweise, als Drogen zur Bewußtseinserweiterung genutzt werden. In den neunziger Jahren wurde Psilocybin für die homöopathische Anwendung geprüft.

Im 16. Jahrhundert lieferte ein spanischer Mönch die ersten Beschreibungen der Rauschpilze.

Sie werden roh in kleinen Portionen gegessen. Nach dreißig Minuten kommt es meistens zu leichter, kurz anhaltender Übelkeit und zum Rausch mit Gliederschwere, optischen Visionen, farbigen sich bewegenden geometrischen Formen, gefolgt von Illusionen (Veränderungen der Umgebung) und Halluzinationen (real nicht existierende Erscheinungen). Es erscheinen Personen und Dinge. Es kommt zu Euphorie (Glücksgefühle) und Bewußtseinsspaltung. Nach vier bis fünf Stunden kommen in der Endphase Angstzustände, und selten Übelkeit und Erbrechen hinzu.

Die konsumierte Pilzmenge richtet sich nach dem Bedarf. Zahnschmerzen heilte María Sabina mit acht Paaren; bei ihrer Schwester verwendete sie dreißig Paare.

Zur Heilung mit *niños* gibt es ein paar wichtige Gesetze, die eingehalten werden müssen, da sie sonst keine Heilwirkung haben:

- Durch die Ehe wird die Reinheit der Pilze zerstört
- Es darf nicht laut über die Pilze gesprochen werden
- Sie dürfen nur paarweise verzehrt werden
- *Veladas* müssen im Dunkeln abgehalten werden
- *Veladas* dürfen nur abgehalten werden für Menschen, die auf der Suche nach Gott sind oder Heilung suchen.

Für die Heilung ist das Erbrechen am Ende der velada wichtig. Erbricht der Kranke nicht, so macht es Maria Sabina für sie.

Geheilt wurden vor allem die, die von bösen Geistern verzaubert waren. Ein gutes Beispiel hierfür ist María Sabinas Vater. Hätte er sein Mißgeschick gestanden, hätte er mit Hilfe der *niños santos* geheilt werden können.
Maria Sabina trug während der *velada* ihr *Huipil*, ein von ihr handgefertigtes zeremionelles Kleid.

María Ana, die Schwester, wurde wieder gesund. Die *niños* hatten María Sabina den Weg zur Heilung gezeigt. Schnell sprach es sich herum und fortan nahmen viele Nachbarn die Hilfe María Sabinas in Anspruch. Arm wie sie waren, konnten sie kaum etwas dafür zahlen. María Sabina kannte ohnehin den Wert von Geld nicht. Pesos, egal welche Menge, konnte sie nicht einschätzen und wußte damit nichts anzufangen.

Sie heiratete erneut und wurde, als sie vierzig war, wieder zur Witwe. Aus dieser Ehe überlebte nur ein Mädchen - fünf weitere Kinder starben. Sie war, als die Kinder starben, verheiratet und konnte ihnen nicht helfen. Kurz nach dem Tod ihres Mannes begann sie wieder *veladas* abzuhalten. Ihr Ehemann hatte Geld verdient, so daß sich María Sabina nach seinem Tod ein Haus mit einem kleinen Laden für Lebensmittel bauen konnte. Ihr Sohn war gerade bei ihr, als ein Betrunkener hineinkam und einen Streit anfing. Sie wurde dabei angeschossen, die Kugel traf sie an der Hüfte. Im Krankenhaus in Huautla staunte sie über das Können des Arztes Salvador Guerra - er gab ihr eine Betäubungsspritze und entfernte die Kugel. Mit diesem Ereignis begann eine lange Freundschaft zwischen María Sabina und diesem Arzt.

Anschließend widmete sie ihr Leben ausschließlich der Heilkunst und wurde von den Dorfbewohnern bald *sabia*, Weise Frau, genannt.

„Die niños geben mir die Macht, alles umfassend zu sehen. Ich kann bis zum Ursprung hinabblicken. Ich kann bis dorthin gehen, wo die Welt entspringt. Der Kranke wird gesund und die Angehörigen kommen und besuchen mich, um mir zu sagen, daß eine Besserung eingetreten ist. Sie bedanken sich und geben mir Schnaps, Zigaretten und ein bißchen Geld. Ich bin keine curandera, denn ich verwende keine Eier zum Heilen

Ich erbitte keine Kräfte von den Herren der Berge. Ich bin keine curandera, denn ich verabreiche den Kranken keine seltsamen Kräutertrünke. Ich heile mit der Sprache, mit nichts anderem. Ich bin keine Zauberin, denn ich tue nicht Übles. Ich bin eine Weise. Das ist alles."

María Sabina wurde von den Männern des Ortes sogar zu den Geburten ihrer Kinder gerufen.Um nicht mit der Kirche in Konflikt zu geraten, nahm sie seit vielen Jahren aktiv am kirchlichen Leben teil und ging regelmäßig zur Messe. Sterbende wurden zu Lebenden - immer mehr Menschen erfuhren von ihren Heilkünsten. Um ihre Einsamkeit zu bekämpfen, nahm sie verwaiste Enkel bei sich auf.

Niemand ahnte, wie sehr sich das Leben in dem kleinen Ort ändern sollte, als im Juni 1955 Fremde kamen und bei María Sabina an einer *velada* teilnahmen. Es waren der Fotograf Alan Richardson und Gordin Wasson. Beide aßen, wie es zu einer *velada* gehört, *niños* und ließen anschließend die Öffentlichkeit an ihrem Erlebnis teilhaben.

Für María Sabina brach eine schicksalhafte schwere Zeit an - gerade war wieder ein Enkel verstorben - als ein Betrunkener vor ihren Augen ihren geliebten Sohn umbrachte. Sie glaubte bald, sie habe selbst Schuld, hatte sie doch den Ausländern das Geheimnis der Pilze verraten.

Die schweren Schicksalsschläge ließen nicht nach, denn kurz danach wurde, während ihrer Abwesenheit, ihr Haus in Brand gesteckt. Bei ihrer Rückkehr fand sie nur noch einen Haufen Asche vor - sie hatte alles verloren. Sie, die Kinder und ihre Mutter zogen zunächst in die Berge, bekamen von Nachbarn einen Kochtopf und wurden später von Verwandten aufgenommen. María Sabina schuftete, bis sie sich ein neues Haus bauen konnte. War es eine Rache, weil sie Fremden Zutritt gewährte? Es wurde nie geklärt.

Angezogen von der Faszination der rituellen Handlung, pilgerten später Scharen von Menschen zu María Sabina, um bei ihr in den Genuß eines abenteuerlichen Erlebnisses zu kommen. Journalisten gab sie - mit Hilfe von Übersetzern - Interviews. Da María Sabina aber nur ihre Muttersprache beherrschte und in einer, für die Dolmetscher unverständlichen Bildersprache sprach, kam es zu Fehlern und Fehlinterpretationen. Die vielen Zeitungsartikel, die erschienen, sammelte María Sabina, ohne zu ahnen, daß in ihnen viele Dinge standen, die sie gewiß nicht gebilligt hätte.

Ihr Bekanntheitsgrad wuchs - aus vielen Ländern der Erde kamen Hippies, um *niños* zu essen. Die meisten hatten allerdings nicht den Wunsch nach Heilung. Sie waren auch nicht auf der Suche nach Gott - sie wollten sich nur berauschen, aßen die *niños* ohne Respekt und zerstörten damit ihre Kraft. Sie kauften sie einem Bauern ab, der ein paar Pesos verdienen wollte.

„Die jungen Leute aßen die niños an jedem beliebigen Ort. Es war ihnen gleichgültig, ob sie die Pilze sitzend, im Schatten einer Kaffeepflanzung oder auf einem Felsblock am Bergweg zu sich nahmen.

Die blonden und dunkelhaarigen jungen Leute beachteten unsere Bräuche nicht. Ich kann mich nicht erinnern, daß die niños santos jemals mit so wenig Respekt gegessen wurden wie damals. Für mich ist es keine Spielerei, eine velada abzuhalten. Wer eine velada abhält, nur um einfach die Wirkung der Pilze zu spüren, der kann verrückt werden."

So María Sabinas Empörung. Sie verstand die Sprache der *niños* nicht mehr, denn sie sprachen jetzt Englisch - so wie die meisten Hippies. Einige Hippies gaben ihr Essen, andere zahlten mit Pesos, deren Wert sie nicht verstand - sie gab sie an ihre Tochter weiter. Entsprechend lebte sie selbst immer noch in ihrer ärmlichen Hütte und von dem bißchen, das sie von Nachbarn und Hippies bekam.

Eines Tages erschienen ein paar Männer in ihrer Hütte und fragten, ob sie die auf dem Tisch liegenden Pilze haben könnten. Da sie annahm, die Männer seien auf der Suche nach Gott, bejahte sie. Die Männer waren aber Kommunalpolitiker. Sie veranlaßten eine Hausdurchsuchung, fanden die Zeitungsartikel und verhafteten sie. Sie wurde beschuldigt, Marihuana zu verkaufen - ein neidischer Nachbar hatte sie angezeigt. Später klärte sich die Angelegenheit auf - der Nachbar wurde verhaftet und bei ihr entschuldigte man sich.

An der Schußwunde wuchs ein Geschwür. Schon mehrfach hatte sie Operationen abgelehnt. Immer wieder rieten wohlgesonnene Freunde ihr dazu. Nach einem schweren Sturz auf dieses Hüftgelenk machte sie sich zu Fuß auf den Weg zum Heiligen Patrón von Matatlán, um ihm Blumen zu bringen. An ihrer Seite ging ein Enkel. Freunde, die von dem Sturz erfahren hatten, schickten einen Krankenwagen. Erst nach langer Suche fand man sie und brachte sie in ein Krankenhaus. Dort wurde sie operiert. Gesund kehrte sie zurück in ihr Dorf.

Ein betrunkener Nachbar zettelte mit dem von ihr so sehr geliebten Enkel einen Streit an und erschoß diesen. María Sabina bat, in ihrer Wut und Trauer, um staatliche Hilfe - vergebens: „Es sei doch nur ein Betrunkener gewesen", hieß es. Ihre Popularität nahm zu - es wurde ein Kurzfilm über sie gedreht. Da sie mit Geld nichts anfangen konnte, schenkte man ihr einen kleinen Kramladen, doch die Nachbarn waren zu arm, um die Ware zu zahlen, sie kauften auf Pump. Durch ihre Großherzigkeit hatte sie bald wieder nichts.

Einmal bekam sie sogar eine Matratze geschenkt und mußte fortan nicht mehr auf dem harten Boden schlafen.

Inzwischen hatte die Regierung beschlossen, ihr ein würdigeres Heim zu schaffen, so bauten sie ein Holzhaus neben ihrem alten. Als sie nach langer Zeit endlich einzog, mußte sie allerdings enttäuscht feststellen, daß es nicht viel komfortabler war wie ihr altes. Der Ort war zu weit entfernt für einen Wasser- und Stromanschluß. Dafür hatte sie jetzt ein Wasserklosett - aber eben ohne Wasser!

Die Briefe, die sie, auf Grund des Filmes, aus aller Welt erhielt, mußte sie sich vorlesen und übersetzen lassen. Antwort bekam niemand.

Ihre dritte Ehe - sie war inzwischen 86 Jahre alt - mit Trofeto war glücklich, währte aber nur kurz, da ihre Verwandten ihn mit Gehässigkeiten vertrieben. Zu ihrem Unglück kehrte er nie zu ihr zurück.

Álvaro Estrada, ihr Biograph, stand ihr in schweren Zeiten oft zur Seite und rettete sie, so oft es ihm möglich war, vor den Aufdringlichkeiten einiger Journalisten. Er hätte es gerne gehabt, wenn sie in seine Nähe nach Mexiko Stadt gezogen wäre, doch sie lehnte es ab.

Immer noch gab sie jeden verdienten Peso an ihre Töchter weiter, Schmuck, den sie als Lohn bekam, wurde ihr gestohlen. So lebte sie weiterhin in bitterer Armut. Hätte sie je den Umgang mit Zahlen gelernt, hätte sie den Wert der Pesos erkannt - ihr wäre es sicher besser gegangen.

Wäre María Sabina des Lesens mächtig gewesen, wäre sie schockiert gewesen über den Inhalt der Zeitungsartikel, die über sie erschienen. Sie konnte nur an den Bildern erkennen, daß es um sie ging. Den Text hat ihr niemand übersetzt. Die vielen Journalisten, die weiterhin kamen, mußten Dolmetscher in Anspruch nehmen. Diese aber hatten Schwierigkeiten, María Sabina zu verstehen, denn sie benutze ihnen unbekannte Wörter und viele Metaphern. Die Bildung der Dolmetscher reichte einfach nicht aus für korrekte Übersetzungen. Wer gibt sich schon gerne die Blöße und gibt zu, etwas, wofür man engagiert wurde, nicht zu können. Die Dolmetscher jedenfalls nutzten ihre eigene Phantasie und erfanden Geschichten. Die Journalisten glaubten an diese Lügen - oder dichteten noch etwas dazu, um es spannender zu machen? Wie auch immer, viele Lügengeschichten über María Sabina erschienen. Berühmte Leute seien dagewesen, unglaubliche Geschichten seien passiert.

Mutige Journalisten besuchten María Sabina, um an einer *velada* teilzunehmen. Sie waren aber nicht auf der Suche nach Gott, noch benötigten sie Heilung - folglich wurde es für sie zum Horrortrip. So flohen sie und schrieben Übles.

María Sabina ahnte von all dem aber nichts, denn sie konnte es nicht lesen. Ihr blieb nur die Freude an den Bildern.

Auf die Hilfe ihrer Familie konnte sie sich, auch im hohen Alter, nicht verlassen.

Anfang November 1985 verlor sie plötzlich ihr Gehör. Drei Wochen später, am 22. November 1985, verstarb sie. Vor über dreitausend Trauergästen hielt Álvaro Estrada eine ergreifende Trauerrede.

Wolfgang Bauer

Heilende Trommeln oder Die weiße Mganga Johanna Wagner

"Die, die aussehen wie ein Frosch, aber vorher möglicherweise etwas schrecklich anderes waren."

Am 10. Januar 1990 starb Frau Dr. Johanna Wagner in der Nähe von München. Zwei Monate vorher war sie in Afrika, wo sie sich aufhielt, um einen heiligen Krokodilskult zu erforschen, schwer erkrankt. Damit setzte der Tod dem Wirken und Tun dieser außergewöhnlichen Frau ein jähes Ende. Die Ethnologie verlor in ihr eine wirklich frei arbeitende, das heißt keiner Universität, keinem Lehrstuhl verpflichtete Mitarbeiterin, der Naturschutz eine engagierte Fürsprecherin und Streiterin. Viele ihrer Freunde und "Feinde" waren schockiert über diesen plötzlichen Abbruch der Kommunikation.

Ihr Leben hatte stellenweise geradezu romanhafte Züge: Sie wurde 1922 in Leipzig geboren. Zu Beginn des 2. Weltkrieges zog sie mit ihrer Familie nach Österreich. 1942 mußte sie ihr Studium unterbrechen, da sie zur Arbeit in die Rüstung dienstverpflichtet wurde. 1944 wurde sie von der Gestapo festgenommen und inhaftiert, weil sie Kriegsgefangene und KZler mit Lebensmittel versorgt hatte. Als bei einem Bombenangriff die Wachmannschaft in die Bunker verschwand und die Gefangenen eingeschlossen allein in den Zellen zurückließen, überwand sie, als ringsum die Bomben einschlugen, ihre Todesangst, indem sie mit den Mitinsassinnen zu singen anfing. "Plötzlich" wurde sie ganz

Johanna Wagner

ruhig und "wußte", daß keine Bombe das Gefängnis treffen würde.

Mit ihrer Mutter floh sie - wegen des drohenden Einmarsches der Russen - 1945 von Tirol nach Innsbruck und studierte in den folgenden Jahren Germanistik, dazu begleitend Biologie, Medizin und Psychologie. 1950, nach ihrer Promotion, eröffnete sie eine kaufmännische Privatschule, deren Rektorin sie wurde.1972, nach dem Tod ihres Lebensgefährten und ihrer Mutter, nutzte sie den Zeitpunkt eines erhöhten Goldpreises dazu, eine Kiste mit Gold aus dem väterlichen Erbe zu Geld zu machen. Sie unternahm mit diesem Geld zahlreiche Reisen, vor allem nach Afrika. Schon Ende der fünfziger Jahre war sie nach Island, Grönland, Ceylon, Israel und Ägypten gereist.

Das Auftreten von positiven Bewußtseinsveränderungen in Situationen von extremem Streß, wie sie sie selbst im Gefängnis erfahren hatte und bei Naturvölkern als Trance-induzierendes Mittel von Schamanen beobachten konnte, werden zu einem ihrer Forschungsthemen. Systematisch setzt sie sich Hyperstreßsituationen aus: Sie fährt bei Moto-Cross-Rennen mit, hebt Gewichte, ficht Florett, dauerfastet, betreibt intensiv Karate und Yoga. Sie wird auch Mitglied eines Schlangengeheimbundes. Ungeschützt und ohne Serum unternimmt sie eine Interspecies-Kommunikation mit Giftschlangen, und im afrikanischen Busch geht sie - ohne Kenntnis der Gegend und ohne Ausrüstung - einfach los, "um zu sehen, was passiert".

Ihr Ziel bei alldem: den Punkt bestimmen, an dem jener psychische Mechanismus eintritt, den die Wissenschaft heute als endorphinabhängiges "Omnipotenzmanöver" beschreibt.Unter dem Einfluß afrikanischer Lehrer lernt sie die alten Künste der Schamanen - Trance-induzierende Trommelrhythmen, das Rufen von Hilfsgeistern, das Schicken heilsamer Vorstellungen und Bilder, das Fliegen zu weit entfernen Orten, das Besprechen von Dingen und Fertigen von Fetischen und Amuletten. Als sie übt, "wie eine Hexe zu fliegen", verwechselt sie im ersten Eifer die Ebenen. Sie will durch die Wand gehen beziehungsweise zur Decke fliegen, prellt sich die Schulter und holt sich blaue Flecken.

Die Initiation durch afrikanische Medizinmänner läßt sie verändert nach Europa zurückkehren. Sie erinnert sich wieder an eine ihrer Großmütter, die aus der Hand lesen konnte, sehr naturverbunden war und noch Altes Wissen kannte und praktizierte. Auch sie beginnt jetzt, aus der Hand zu lesen. Später orakelt sie mit Kaurimuscheln. Sie führte in Afrika und auch in Europa als Medizinfrau viele "psychosoziale Entgiftungen" durch. Von ihren Klienten nahm sie kein Geld, hieß sie aber, für ein Tierheim oder einen Naturschutzbund zu spenden oder einem armen Mann, einer armen Frau etwas zu geben.

Auch ihr Blick veränderte sich. Schaute sie anfänglich von der Zivilisation aus fasziniert in die Wildnis, so schaute sie jetzt aus der Wildnis entsetzt in die Zivilisation. Das ganze Ausmaß der Entfremdung zu sehen, das die (wie sie sich und uns so treffend nannte) "westlich Indoktrinierten" zur Natur und ihren Lebewesen hergestellt hatten, ließ sie schaudern, ebenso die völlige Blindheit und das abhanden gekommene Einfühlungsvermögen für natürliche Beziehungen. Sie lernte wieder, mit dem ganzen Körper zu “denken”: Wenn sie in eine fremde Gegend kam, ließ sie erst einmal Bäume, Tiere und Dinge zu sich sprechen. Und oft, bevor sie sich auf Menschen einließ, besuchte sie das örtliche Tierheim, brachte Futter mit, streichelte die “dort einsitzenden Tiere” und sprach mit ihnen. Bei der Bundesgartenschau in München zum Beispiel hechtete sie im Morgengrauen über die Absperrung und tröstete die Bäume, die man, wie sie sagte, “von ihrem Zuhause gewaltsam entfernt hatte, um sie törichterweise als etwas Exotisches vorzuführen”.

Sie haßte zoologische Gärten (“Tier-KZs”) und verabscheute Schnittblumen. „Stell dir mal vor, man würde dir zum Geburtstag zehn zusammengebundene Menschen schenken, denen man die Füße abgeschnitten hat. Und du müßtest zusehen, wie sie langsam absterben”, sagte sie einmal zu mir. Sie war auch sehr dagegen, Fetische in Museen zu stellen und unbeopfert zu lassen. Dies sei Fetischquälerei.

Für eine Übergangsperiode leitete sie als Assistant-Warden ein Wildreservat in Kenia. (Hier hatte sie eine sehr beeindruckende Begegnung mit dem “wunderbaren Weildebeest”, einem weißbärtigen Gnu, in dem sie ihr Totemtier erkannte.) Nach heftigen Streitereien mit der führenden Familie des Landes, die dort ungeniert jagen ließ, mußte sie das Land verlassen.

Als die österreichische Regierung damit begann, eine alte Auenlandschaft zu zerstören, um Platz für ein Wasserkraftwerk zu schaffen, war sich die damals schon über sechzigjährige Frau Doktor und hoch angesehene Frau Rektor nicht zu schade, dort über Wochen Tag und Nacht im Freien zu sein und mit Freunden durch eine Besetzung der Auen gegen die Naturzerstörung zu protestieren. Auch Handgreiflichkeiten und eine zeitweilige Sistierung konnten sie nicht am Bleiben hindern. Sie mochte sich nicht "in die Dinge fügen": Sie, so sagte sie, wolle nicht still mit ansehen, wie Tiere gequält, Bäume gemordet, Wasser verseucht und Luft verpestet werden. Nachdem die Regierung die Hainburger Auen trotz aller Proteste roden ließ, beschuldigte man sie, sie habe ihre Kräfte unzulässig dazu mißbraucht, einen in der Sache besonderen wütigen Landeshauptmann in einen Frosch zu verwandeln. Frau Wagner verwahrte sich - sich aber auch der richterlichen Funktion des Schamanen bewußt - vehement dagegen, ihm durch ihren Fluch irgendeinen Schaden zugefügt zu haben. Im Gegenteil: Ein Frosch, sagte sie, sei ein edles Tier. Sie habe dem Mann die Chance gegeben, vom läppischen Status eines österreichischen Landeshauptmannes zu dem eines Frosches aufzusteigen. Und vom Frosch ausgehend eröffne sich ihm doch eine geradezu steile evolutionäre Karriere. Außerdem werde er als Frosch seine neuerworbenen Fähigkeiten wohl kaum dazu benutzen, seine Umwelt wieder zu zerstören.

Meistens aber fühlte sie sich gegenüber den immer neuen Greueltaten all der zerstörungssüchtigen Technokraten hilflos, zornig und wütend zugleich. Sie weinte und fluchte dann im Wechsel. Sie war der Meinung, daß die Ausrottung wildlebender/freilebender Pflanzen, Tiere und Menschen uns sowohl geistig als auch wirtschaftlich ärmer mache und dies, auf die Zukunft gesehen, unsere eigene Vernichtung nach sich ziehen werde. Um den juristischen

Folgen ihres Engagements zu entgehen, zog sie 1985 mit ihrem "Autoopa", einem alten VW 1600, ihren Masken, Wandteppichen und Fetischfiguren, ihrer Schakalhündin Mwalimosh und ihren Kröten nach Graubünden in die Schweiz. Zu Zauberpflanzen fand sie - nach einem sehr negativen Erlebnis in Afrika, wo ihr von einem Unbekannten ein Kontaktgift beigebracht worden war und sie tagelang von Halluzinationen mit horrorhaften Inhalten heimgesucht wurde - lange keinen Zugang. Auch der modische und exzessive Gebrauch von Psychedelika durch Künstler in Wiener Intellektuellenkreisen, in die sie die Jahre vorher über Einblick nahm, hatte auf sie, als Medizinfrau, sehr abschrekkend gewirkt.

1982 beteiligte sie sich mit einem mehrtägigen Selbstversuch an einem Projekt über den Fliegenpilz (*amanita muscaria*), einer seit uralten Zeiten in Europa und Asien im Gebrauch befindlichen geistbewegenden Pflanze. Erleben, Gefühle und Reflexionen dabei sprach sie auf Tonband. Es entstand ein - in der bisherigen Literatur - einzigartiges Protokoll.

Die sehr angenehm verlaufene und stellenweise sehr lustige Kommunikation mit dem "Fliegenpilzmann" ermunterte sie zu weiteren eigenen Experimenten mit Tollkirschen (*aropa belladonna*) und der Steppenraute (*peganum barmala*). Während die Tollkirschen ihr eine Woche lang Kopfschmerzen, einen unstillbaren Durst und eine Leseunfähigkeit bescherten, schenkten ihr die Experimente mit der Steppenraute einen "ganz klaren" Kopf. In ihrem letzten Artikel, den sie veröffentlichte (*Das "Dawa" der Matiwata*), beschreibt sie, wie in Kamerun mit Hilfe der psychoaktiv wirkenden Muskatnuß ein Kontakt zu den Wassergeistern hergestellt werden kann, um mit ihnen zu sprechen.

Immer wieder versuchte sie das fast Unmögliche, nämlich über ihre Erlebnisse schreibend zu berichten. Ab 1981 erschienen Artikel von ihr in ethnologischen Fachzeitschriften wie dem "Archiv für Völkerkunde", den "Wiener Völkerkundlichen Mitteilungen", in "Curare", "Salix" und dem "Hexenbesen".

In ihren Artikeln, Büchern, Vorträgen und Workshops wollte sie eine "Stimme überm Fluß von einem anderen kulturellen Ufer" sein. Das vorliegende Buch schrieb sie in der Absicht, bei Europäern über das Verständnis einer fremden, bereits im Schwinden begriffenen Urkultur ein Rückerinnern an die eigene "verlorene" Urkultur zu erreichen. Es ist bezeichnend für sie, daß sie diesen Text, in vereinfachter Form und bewußt in Basic English abgefaßt, zuerst für afrikanische Leser herausbrachte, mit dem Ziel, die dortige urbane Mittelschicht wieder zu ihren traditionellen Werten zurückzuführen, aber auch, um für spätere Generationen ein Archiv mit dem Wissen ihrer Vorväter zu schaffen (*Be stronger than Bad Magic. A Collection of Traditional African Methods,* Göttingen 1983).

Ihren Ethnologenkollegen gab sie in dem von ihr geprägten und in diesen Büchern beschriebenen Begriff der "Reakkulturierung" (und dem darin steckenden Anspruch und Auftrag!) eine harte Nuß zu knacken.

Der Erinnerungsband über die Anleitung zu afrikanischen Orakeltechniken (Verlag Clemens Zerling, Berlin

1991) enthält ihre Arbeiten zu afrikanischen Orakelsystemen mit Strichen, Knochen, Spinnen und Kaurimuscheln, Dokumente ihres Lebens und puzzlestückhafte Beiträge von Freunden, Schülern und ehemaligen Angestellten, aus denen sich das Gesamtbild einer bis zu ihrem Tod recht geheimgehaltenen Biographie ergibt.

In dem Buch *Unter Schamanen, Gesundbetern und Wetterbeschwörern in der Lüneburger Heide* (Verlag Clemens Zerling, Berlin 1992) werden ihre Forschungen bei Volksheilern der Lüneburger Heide zum Problem der Zombifizierung und zum Konzept der Homophagie dargestellt und diskutiert.

Daß Johanna Wagner jetzt in der Anderswelt den Platz einnimmt (wie ihn ein Freund einmal visualisiert hat): „*thronend auf einem Schädelknochensessel, zumindest auf einem Affenbrotbaum, das Leopardenfell lässig über die Schulter geworfen und den Schwanzquast in der Hand*" und daß viele ihrer Flüche auch posthum sich noch erfüllen und wir so gute Froschjahre vor uns haben mögen, wünsche ich ihr, Ihnen und mir.

Lynn Andrews

Lynn Andrews Die Jaguarfrau

Mein Weg

Seit 1973 reise ich nach Manitoba in Kanada, um eine eingeborene amerikanische Medizinfrau namens Agnes Whistling Elk zu besuchen. Zunächst kam ich als Kunsthändlerin aus Los Angeles zu ihr, weil ich einen heiligen Hochzeitskorb suchte. Allmählich änderte sich unsere Beziehung, und ich wurde Schülerin dieser Frau. Sie lehrte mich ein System von Anschauungen, das mir bis dahin fremd gewesen war. Agnes betont Größe und Wert der Weiblichkeit. Sie sagte, ihr sei prophezeit worden, daß ich eine Kriegerin des Regenbogens der schwarzen, weißen, roten und gelben Völker sei, daß ich eines Tages eine Brücke werden würde zwischen den beiden getrennten Welten des ursprünglichen Geistes und des Bewußtseins der Weißen. Im Verlauf meiner Lehrzeit war ich gezwungen, meinen Anschauungen über mich selbst, wer ich bin, was die Welt ist, eine andere Struktur zu geben. In fremder Umgebung mußte ich mich mit einem erfahrenen Zauberer namens Red Dog messen. Zu meiner großen Überraschung siegte ich in dem gefahrvollen Kampf. Seit damals überlebte ich einige Initiationen, die in der Aufnahme in eine geheime schamanische Gemeinschaft von Frauen gipfelten, welche sich die "Schwesternschaft der Schilde" nennt.

Agnes bat mich, diese Erfahrungen aufzuschreiben, "den Adler fliegen zu lassen", und die Menschen in dem Bemühen zu lehren, unsere heilige Mutter Erde zu heilen. *Die Medizinfrau* war mein erster Versuch, und *Der Flug des siebten Mondes* war das zweite in einer Folge von Büchern über außergewöhnliche Abenteuer und die schamanischen Lehren, die mir zuteil wurden. Diese Bücher stellen die uralten Kräfte der Frau in den Vordergrund. Das uralte Wissen wurde zu allen Zeiten von kraftvollen Ureinwohnerinnen bewahrt und wie Perlen in die Geschichte eingeflochten, um es für die Generationen zu erhalten, die auf dieser schönen Erde nachfolgen. *Die Jaguarfrau* erkundet einen Wanderbereich, der sich in etwa mit dem der Schmetterlinge deckt, die auf diesem Kontinent von Kanada nach Mexiko ziehen. Das Buch erkundet allerdings nicht nur einen wirklich stattfindenden Ortswechsel, sondern auch den Prozeß der psychischen, mentalen und emotionalen Bewegung von einem Geisteszustand in den nächsten, der Bewegung von einer Wahrnehmungsweise in die nächste.

„Es gibt für nichts Entschuldigungen", sagte mir Agnes einmal. „Du änderst die Dinge, oder du läßt es. Entschuldigungen rauben dir die Kraft und führen zu Gleichgültigkeit."

Ich sehe manchmal Frauen, die um ihr spirituelles Erbe ebenso betrogen wurden wie um ihren Geist und Körper. Ich zum Beispiel wehre mich gegen diesen Diebstahl.

Die Jaguarfrau

Agnes ging hinunter zum Abendessen, sagte mir jedoch, ich solle im Zimmer bleiben. Ich dürfe nichts essen. Der Regen zog ab, und der Vollmond schien hell, wurde nur von den hohen Zweigen der Ciebabäume verdunkelt. Alles sah anders aus. Die Nacht senkte sich auf die alten Ruinen von Uxmal herab, und das nervöse Geflatter der Vögel legte sich. Agnes und ich saßen auf unseren roten und schwarzen Medizindecken in der Mitte eines Gevierts, von dem Agnes sagte, es sei der Hof der Nonnen hinter dem Tempel der Zauberer. Ein leichter, warmer Wind spielte mit den Seidenfransen unserer Schultertücher. Die heiligen Medizinpfeifen lagen zwischen uns. Wir saßen uns gegenüber. Die rätselhafte Stadt aus Stein und Lehm ragte wie ein Riese aus dem Schatten des Mondscheins auf. Die Zweifel, warum ich wohl hier sei, waren mit dem Rauch aus unseren Pfeifen verschwunden. Hier wirkte ein Zauber, und ich wußte, daß großes Wissen verloren gegangen war, als die Priester und Priesterinnen dieser Stadt Unrecht erlitten. Der Zauber der Erde unter mir drang in mein Blut herauf, und die Erde nahm sich meinen Geist. An diesem Ort hier war ganz sicher erhabene Weisheit zusammengetragen und gemeinsam gelebt worden. Langsam wie nächtliche Erscheinungen gesellten sich andere Frauen zu uns. Ich wußte nicht, wer sie waren; kein Wort wurde gesprochen. Wir blieben lange sitzen, erlebten gemeinsam die Stille. Agnes sagte mir, ich solle die Augen schließen, meinen Kopf ganz frei von Gedanken machen und mich auf eine innere Flamme konzentrieren. Links von mir erklang eine Tonflöte, und nach einer geraumen Weile machte ich die Augen auf. Auf den Stufen, die zu einem niedrigen Gebäude links im Geviert emporführten, waren einige Fackeln entzündet worden. Im Eingang befand sich eine flache Steinplatte auf vier gemeißelten, steinernen Beinen, die etwa kniehoch waren. Die Frauen hatten zwei Reihen gebildet, die sich über die Steinstufen herabzogen und unten einen größeren Abstand hatten. Eine Frau stand vor dem erhöhten Stein. Ich sah, wie von ihm Kopalrauch aufstieg, und daß viele Gaben und Blüten auf ihm lagen. Der Rauch war so dicht, daß ich erst nach einem Augenblick begriff, daß die Frau mit dem Rücken zu uns stand. Sie trug ein Gewand aus Jaguarfell. Ihre Arme und tatzenförmigen Hände waren im Gebet ausgestreckt, und dann blies sie Wasser auf den Altar und reinigte ihren Körper mit Kopalrauch. Sie stand etwa zehn Schritte von uns entfernt, sprach sehr schnell herrliche melodische Gebete der Maya, wobei ihre Worte durch das Geviert hallten. Mit der Dunkelheit rückten die alten steinernen Bauwerke näher und schienen höher aufzuragen. Die warme Nachtluft legte sich wie ein samtiger Kokon um uns und hüllte uns in einen Schleier einschläfernden Wohlbehagens. Die Frau am Altar drehte sich langsam um. Ich atmete heftig ein, und Anges legte mir rasch beruhigend eine Hand aufs Knie. Mächtige grauweiße Rauchschwaden stiegen leuchtend rings um die Frau herauf und schlängelten sich durch die Nacht. Wie eine Geistergestalt sah sie mit der weißen Jaguarmaske aus, die wie aus Stein geschnitten schien. Die schwarzen Flecken des Jaguarfells gaben den Schatten Tiefe. Sie streckte die Arme aus und rief meinen Namen.

Ich nahm Pfeife und Opferbündel und lief die Stufen zu ihr hinauf. Agnes schloß sich mir an. Ich ging durch die Kopalrauchwolke und setzte mich der Frau, die sich an der anderen Seite des Altars niedergelassen hatte, gegenüber hin. Ich setzte mich auf eine Grasmatte, und Agnes nahm links von mir Platz, hatte ebenfalls ihre Pfeife mitgebracht. Dann reichte Agnes die Pfeife über den Altar, und die Frau nahm sie und legte sie nieder. Ich machte es ihr nach. Meine Augen hingen wie gebannt an der Frau. Sie hielt ihre Kraft mit so katzenartiger Majestät gebändigt, daß ich wie gelähmt und zugleich entsetzt war. Ich wußte, das war eine Frau, doch wie sie während der Zeremonie die Schultern gestrafft, etwas in die starken Hände genommen oder die Jaguarhandschuhe übergestreift hatte, hätte ich schwören mögen, sie sei ein Mann. Sie sah mich ruhig an. Sie sprach durch die Maske etwas gedämpft in gebrochenem Englisch: „Du hast mir gezeigt, daß du den Schamanenschwestern dienen kannst. Jetzt weiß ich, daß du dem Geist dienen kannst."

Sie nahm flink die Maske ab, drehte sich um, goß eine Flüssigkeit hinein und trank ein wenig. Ihr Gesicht war ganz schwarz bemalt, und ich konnte nur die Augen erkennen, die wie der Mond leuchteten. Sie reichte mir die Maske, die ich nahm, ihr dabei in die Augen blickend. Die Maske fühlte sich glatt und schwer wie ein Stein an. Ich nahm einen Schluck, der wie Wein schmeckte, und legte die Maske zurück in ihre bemalten Hände. Die Frau setzte sie wieder auf. Obwohl ich sie nicht deutlich sehen konnte, sie nie richtig sah, wußte ich, daß ich sie kannte. Ich übergab ihr das Bündel, das ich mitgebracht hatte. Agnes hatte mir aufgetragen, Schnaps, weißes Kopalharz, Tabak, Schokolade, Räucherwerk, Kerzen und viele Blumen mitzubringen. Sie nahm es unter vielen schönen Mayaworten entgegen und legte den Inhalt auf dem Altar aus. Sie sprühte aus dem Mund etwas Schnaps auf den Altar, in die Nähe einiger Gegenstände, die sich hinter brennenden Kerzen nicht weit von mir befanden. Ich betrachtete die herrliche Anordnung geweihter Gegenstände auf dem Altar. Überall waren Blüten, Kerzen, Steine, Stöcke mit Federn, ausgehöhlte Steine mit Dingen darin; da waren ein Bündel, ein Kruzifix, Kräuter und noch viele andere Dinge, die die Schatten verbargen. Ich spürte ein unsichtbares Kraftfeld, das sich vom Altar zu mir erstreckte und als klar bestimmter Biomagnetismus durch meinen Leib strömte. „Wissen ist Wiedererkennen", sprach die Frau und beobachtete, wie ich mit den Augen ihren Altar liebkoste. „Du erkennst sie wieder, was? Jetzt weißt du von ihrer Kraft, auch wenn du sie nicht verstehst."

Sie saß mir auf ihrer Matte bequem wie ein großes Katzentier gegenüber und nickte. Sie begann kraftvoll zu sprechen, wodurch ich sofort an den heiligen Ort in mir, meinen Medizinplatz, geführt wurde.

„Steh' auf", sagte sie. Sie drehte mich, bis ich nach draußen blickte und die beiden Reihen der Frauen sah, die noch immer auf den Steinstufen standen. Offenbar sahen sie aufmerksam zu. „Zu lange", sprach die Priesterin, „haben unsere Schwestern gelebt, ohne ihre Kraft anzunehmen. Du hast einen großen Feind, den mit den roten Haaren, der jetzt in deiner Nähe ist. Du hast dich einmal an ihn herangepirscht, aber das ist lange her. Wegen deiner Angst und Schuldgefühle bist du seine Beute geworden. Er hat den Lichtern, die dich umgebeugt haben, geschadet. Er pirscht sich jetzt an dich heran. Der Pirschjäger muß angepirscht werden. Wir hier sind deine Schwestern. Was dir geschieht, geschieht uns. Streck deine Hände aus."

Ich hielt sie ihr hin. Sie streifte ihre tatzenartigen Handschuhe ab und zog sie über meine Hände. Sie bewegte die Finger, und scharfe Krallen fuhren heraus. Für einen Moment verschwamm mir alles vor Augen, dann sah ich äußerst klar. Die Jaguarfrau zog ihr Gewand aus und legte es um meine Schultern. Die Frauen auf den Stufen traten schweigend vor und umstanden mich in einem Halbmond. Sie starrten mich alle an und richteten ihre Aufmerksamkeit anscheinend auf meinen Nabel. Hinter mir spürte ich die Jaguarfrau, ihre erhobenen Arme. Ich spürte, wie ihre Kraft und die des Altares auf mich ausstrahlten. Ich wollte mich mit einem Blick auf Agnes beruhigen, doch sie sah genauso entschlossen wie die anderen aus. Mir wurde warm wie im Fieber. Urplötzlich schoß ich nach oben aus meinem Körper heraus und flog über die Baumwipfel hin. Dann war ich auf dem Boden, rannte unglaublich schnell durch den Dschungel, den ich sehr gut zu kennen schien. Ich hielt an und witterte, wandte mich schräg nach Süden. In dem Augenblick begriff ich, daß ich ein Jaguargeist war; und ich folgte der Fährte Red Dogs.

Ich sprang über dicht verfilztes Gras einen Hügel hinauf und ging in geräuschloses Schleichen über. Ich lugte hinter einem Baum hervor und sah Red Dog, der mir den Rücken zuwandte. Ich duckte mich zum Sprung. Ich knurrte, und er stampfte mit dem Fuß auf und schrie."Liieieiei! Iiiieieiei!", brüllte er. Er begann um seine Achse zu wirbeln, bis er gänzlich in einem Trichter aus Wind verschwand, der sich schnell wegbewegte. Ich fuhr auf diese Windhose los, aber sie hielt sich immer dicht vor mir. Ich wollte in sie hineinspringen und sie in Stücke reißen. Während ich ihn verfolgte, spürte ich, wie sich mein Körper auflöste.

Ich erwachte in meinem Bett auf der Hazienda und merkte, wie mir Agnes Stirn und Wangen mit Eis rieb.

Alles über Autor/inn/en und Quellen

Andrews, Lynn ging sieben Jahre bei der Schamanin Agnes vom Stamme der Cree-Indianer in die Lehre und erlebte eine Denk- und Lebensweise, die ihr bisheriges westliches Leben radikal in Frage stellte.

- Die Jaguarfrau

mit freundlicher Genehmigung des Verlages aus: "Lynn Andrews: Die Jaguarfrau". Alle Rechte an der deutschsprachigen Ausgabe beim Wilhelm Goldmann Verlag, München, in der Verlagsgruppe Bertelsmann GmbH.

Bauer, Wolfgang, geboren 1940. Diplompsychologe; arbeitet als freier Psychologe in sozialwissenschaftlichen und therapeutischen Bereichen. Herausgeber zahlreicher volkskundlich-ethnologischer Bücher, Bildbände, Kataloge sowie psychologischer Broschüren.

- Heilende Trommeln oder Die weiße Mganga Johanna Wagner

mit freundlicher Genehmigung des Verlages aus "Die, die so aussehen wie jemand, aber möglicherweise etwas ganz anderes sind." © by Clemens Zerling Verlag, Berlin.

Boso, Barbarina, geboren 1951, Sachbuchautorin, Songtexterin und Unternehmerin. Immer auf der Jagd nach neuen Abenteuern und Erkenntnissen. Nirgends zu Hause, aber immer da.

- Circe, die zauberhafte Heilerin

Originalbeitrag © by Literaturkontor Alte Schmiede, Göttingen

Braem, Harald, 1944 geboren. Vielfältige Tätigkeiten im Verlagswesen und als freischaffender Künstler, Galerist und Journalist. 1981 Berufung als Professor für Kommunikation und Design an die Fachhochschule Wiesbaden. Er leitet heute als geschäftsführender Direktor das KULTUR-INSTITUT für interdisziplinäre Kulturforschung in Bettendorf.

- Frau Holle - die große Wettermacherin

Kircher, Nora, Jg. 1956, Sachbuchautorin. Reist viel in der Welt herum, und wenn sie einmal zu Hause ist, dann lebt sie an der Oberweser.

- Maria Sabina, die Stimme der *niños santos,* der heiligen Pilze

Klönne, Gisa, geboren 1964, freie Journalistin und Autorin mit den Schwerpunkten Ökologie und Frauen. Nach ihrem Studium arbeitete sie in der EMMA-Redaktion sowie als Chefredakteurin des BUNDmagazins. Im Sommer 1998 Reise ins schwedische Lappland, wo sie von samischen Führern mit der weglosen Wildnis ihres Landes und ihrer tradtionellen Lebensweise bekannt gemacht wurde.

- Nennen wir sie Kaissa oder Die Wissende aus dem Norden

Levine, Leah, geboren 1961, studierte Geschichte, Publizistik und Volkskunde. Seit 1979 hat sie sich intensiv mit den magischen Künsten befaßt und sich auf dem Gebiet der Magie, der Hexerei und des Tarot einen Namen gemacht. Autorin des Buches "Licht und Schatten der Magie" und "Leahs Liebeszauber" (beide 1999 im Smaragd-Verlag).

• Baba Jaga - die alte Frau des Herbstes
Originalbeitrag © by Literaturkontor Alte Schmiede, Göttingen

Richter, Dr. Ursula, Soziologin und Psychologin. Seit 1992 lehrt sie an der *Faculty of Education* der Miyazaki University in Japan.

• Himiko - Sonnenkönigin und Schamanin
mit freundlicher Genehmigung des Verlages aus: "Bräute der Nacht - Die spirituelle Erotik des alten Japan" © by Bastei-Verlag Gustav H. Lübbe GmbH & Co, Bergisch Gladbach

Winter, Sylvie Gayan, arbeitet als mediale Therapeutin, die ohne Vorurteile und Dogmen anderen Menschen hilft. Zahlreiche Buchveröffentlichungen, u.a. "Die erwachende Göttin" und "Wenn das Herz frei wird".

• Gott ist Liebe - Gespräch mit Dina Rees
mit freundlicher Genehmigung des Verlages aus: "Gayan S. Winter, Die neuen Priesterinnen © 1989 by Rowohlt Taschenbuch Verlag GmbH, Reinbek

Bibliothek der Schamaninnen

Zum Stöbern, Schmökern und Weiterlesen

Barbara G. Walker: Das geheime Wissen der Frauen (dtv 30484)

Ein absolutes Muß! Eine unübertroffene Fundgrube und eigentlich Pflichtlektüre.

Gary Doore(Hrsg.) Opfer und Ekstase - Wege der neuen Schamanen (esotera -Taschenbücherei Bauer Verlag 1989)

Exzellente Einführung (eine der ersten!) in das Wesen des Schamanismus.

Clarissa Pinkola Estés: Die Wolfsfrau - Die Kraft der weiblichen Urinstinkte (Heyne Verlag 1993)

Die Abendzeitung schreibt: "Das derzeit stärkste Buch über Frauen." Das stimmt! Und über Schamanismus!

Clarissa Pinkola Estés: Die Wolfsfrau erzählt - Auf den Spuren der Wilden Frau (Heyne 1998) *„Noch mehr von der Wolfsfrau". Unbedingt lesen!*

Piers Vitebsky: Schamanismus (Knaur 1998)

Schöne übersichtliche, reich illustrierte Darstellung und Einführung.

Dina Rees

Gayan S. Winter: Die neuen Priesterinnen. Frauen des New Age (rororo transformation 8588). *Sehr einfühlsame Interviews, u.a. mit Dina Rees*

Frau Holle

Harald Braem: Magische Riten und Kulte. Das Dunkle Europa (Weitbrecht 1995)

Harald Braem: Die magische Welt der Schamanen und Höhlenmaler (DuMont 1994)

Harald Braems Bücher sollte man lesen, wenn man etwas über die Mythen und Kulte unserer Vorfahren erfahren will.

Sonja Rüttner-Cova: Frau Holle - Die gestürzte Göttin . Märchen Mythen Matriarchat (Hugendubel 1998) *Sehr interessante Materialsammlung zum Thema "Frau Holle". Schade, daß es darin keine Illustrationen gibt.*

Baba Jaga

Zu Baba Jaga speziell gibt es keine separaten Bücher, aber es finden sich in vielen, vielen Titeln immer wieder Hinweise auf sie, z.B. in

Luisa Francia: Eine Göttin für jeden Tag (Frauenoffensive 1996)

Himiko

Um etwas über "Himiko" zu finden, muß man lange suchen - vor allem in der Fachliteratur zur japanischen Geschichte.Dort findet man überall Hinweise.

Ursula Richter: Bräute der Nacht - Die spirituelle Erotik des alten Japan, Atlantis-Taschenbuch im Bastei Lübbe Verlag 1998)

Hier findet sich ein sehr gut recherchiertes Kapitel über Himiko und ihre Nachwirkungen bis heute. Lesenswert!

Circe

Alle antiken Sagensammlungen und die entsprechenden Kommentare enthalten Material zu Circe.

Rosemarie Bog: Die Hexe. Schön wie der Mond - häßlich wie die Nacht (Kreuz-Verlag 1987)

Sehr interessant, besonders das Kapitel über Circe. Enthält auch ein Kapitel über Frau Holle.

Franjo Terhart: Weise Frauen und magische Kulte. Priesterinnen, Sibyllen, Hexen und andere Zauberinnnen. (Ullstein Taschenbuch 35799 1999).

Esoterisch-modischer Rundumschlag. Weniger ist oft mehr. Das Kapitel über Circe ist akzeptabel.

Kaissa

"Die Sami – Volk der Sonne und des Windes", Katalog, hrsg. vom Aijtte-Museum.

Ájtte – Schwedisches Fjäll- und Samemuseum, Box 116, S-96223 Jokkmokk, Schweden, Tel.: 0046-971-17070, kostet etwa 20 DM.

Mit zahlreichen Fotos und Zeichnungen, liebevoll zusammengestellten Texten erzählt der Katalog anschaulich die Geschichte der Sami von der Eiszeit bis heute.

Joan Halifax: Schamanen. Zauberer Medizinmänner, Heiler, mit 131 Abbildungen. Insel-Verlag, Frankfurt/Main 1983

In Text und Bild gibt die Autorin einen sinnlichen Einblick in das Wirken von Schamanen bei Naturvölkern, ihre Initiationsrituale und Weisheit. Viele Informationen über In-

uit und Tschuktschen – von deren Leben durchaus auch auf die Sami geschlossen werden kann.

Joan Halifax: Die andere Wirklichkeit der Schamanen: Erfahrungsberichte von Magiern, Medizinmännern und Visionären. O.W. Barth Buch im Scherz Verlag 1984.

Infos über Wildnis als Quell innerer Wildnis.

Anne Cameron: Töchter der Kupferfrau. Mythen der Nootka Indianerinnnen und andere Frauengeschichten. Verlag Der Bärenhüter im Waldgut, CH-Frauenfeld, 1993

Die Indianerin Cameron macht mit den Sagen, die ihr die Indianerinnen anvertrauten, die Rolle der Frauen bei einem Naturvolk anschaulich.

Johan Turi: Erzählung vom Leben der Lappen. Eichborn, Frankfurt/Main, 1993

Der norwegische Same Johan Turi, geboren in der Mitte des 19. Jahrhunderts, hat seine Sichtweisen über das Leben der Sami einer Dänin Emilie Demant in die Feder diktiert und so eines der wenigen Originaldokumente mit Informationen aus dem ursprünglichen Leben der Sami geschaffen. Leider lebte Turi in einer Zeit, als seine Kultur schon erstrarb, so daß seine recht demütigen, christlich geprägten Bewertungen und Sichtweisen der eigenen Kultur den unverfälschten Blick auf das eigenen Volk verhindern.

Robert Crottet: Am Rande der Tundra, Reise durch Lappland. Nymphenburger Verlag, München, 1972

ders.: Geschichten und Legenden aus Lappland. Nymphenburger Verlag, München, 1976.

Crottet, 1908 in St. Petersburg geboren, Schweizer Staatsbürger, war durch seine Reisen seit 1937 mit den Skoltlappen aufs engste verbunden. Er hat oft mit ihnen gelebt, ihre Mythen niedergeschrieben und so um für Verständnis für die Sami gebeten. Vor allem sein Reisetagebuch "Am Rande der Tundra" vermittelt die samische Lebensweise anschaulich. Allerdings kann Crottet trotz aller Sympathie für die Sami sich letztendlich doch nicht vom Glauben an die Überlegenheit der Zivilisation lösen – was sich in seiner Beurteilung und auch in den überlieferten Mythen der Sami widerspiegelt.

Maria Sabina

Roger Liggenstorfer und Christian Rätsch (Hrsg.) Maria Sabina - Botin der heiligen Pilze.

Vom traditionellen Schamanentum zur weltweiten Pilzkultur. (Nacht-Schatten Verlag 1996)

In diesem interessanten Band findet man nicht nur die ausführliche Biographie der Maria Sabina, sondern auch eine Fülle an Informationen verschiedener Autoren zu dem Thema "Pilze mit halluzinogener Wirkung". Ein schön gemachtes Buch, auch zum Nachschlagen geeignet.

Alvaro Estrada: Maria Sabina, Botin der heiligen Plize (Trikont-dianus 1980)

Das erste Buch über Maria Sabina.Vergriffen und eingearbeitet im o.a.Titel!

Franjo Terhart: Weise Frauen und magische Kulte (Ullstein Taschenbuch 1999)

Wie bereits erwähnt: zu viel und schlecht recherchiert! In diesem Buch lebt Maria Sabina immer noch !

Gary Doore (Hrsg.): Opfer und Ekstase (esotera Taschenbücher Bauer Verlag 1989)

Wie schon erwähnt, sehr gut gemachte Einführung in den Schamanismus. Enthält auch ein sehr interessantes Kapitel über Maria Sabina.

Johanna Wagner

Johanna Wagner: Das Geheimnis des Medizinmanns. Eine Frau lernt afrikanische Magie. Herausgegeben und mit einem Nachruf versehen von Wolfgang Bauer (Rowohlt Taschenbuch 9995).

Erweiterte Neuausgabe der im Verlag Claus Zerling erschienenen Ausgabe. Ein faszinierendes Buch über eine faszinierende Frau. Und wer noch mehr erfahren will, sollte das nachfolgende Buch auch noch lesen:

Johanna Wagner: Ein Füllhorn göttlicher Kraft. Unter Schamanen, Gesundbetern und Wetterbeschwörern. Herausgegeben von Wolfgang Bauer und Clemens Zerling. (Verlag Clemens Zerling 1992)

Lynn Andrews

Von Lynn Andrews sollte man alle Bücher lesen - aber unabdingbar das nachfolgende:

Lynn Andrews: Die Jaguarfrau und die Lehren des Schmetterlingbaumes (Sphinx 1987)

HOHE PRIESTERINNEN

ausgewählt und vorgestellt von Marina Grünewald
128 Seiten, gebunden, Format 14,8 x 18 cm, mit zahlr. Schwarz-Weiß-Abb. 24,80 öS 181,00 sfr 23,00
ISBN 3-926374-64-0

Priesterinnen waren und sind die Trägerinnen des Wissens. In allen Religionen und Kulturen nahmen sie deshalb einen besonderen Rang ein. Einige ragten heraus, führten ein außergewöhnliches Leben, wurden spirituelle Vorbilder. Etwa so, wie man ein Feuer entzündet, das entweder still vor sich hin-glüht, vielleicht zur tanzenden Flamme wird oder sich gar in eine lodernde Fackel verwandelt. Vom Altertum bis heute nennt man diese Frauen *Hohe Priesterinnen.* Dazu gehören u.a. die *Päpstin Johanna,* die Priesterin der Schwarzen Isis *Dion Fortune*, *Morgan le Fay, Salome* und *Marie Laveau*, die Voodoo-Königin von New Orleans.

Heilerinnen

ausgewählt und vorgestellt von Marina Grünwald
128 S., geb., mit zahlr. Schwarz-Weiß-Abb.
ISBN 3-926374-89-6
Die weisen Frauen und Priesterinnen waren zu allen Zeiten auch stets Heilerinnen. Überlieferte Kenntnisse über Pflanzen, Kräuter und Tinkturen unterstützten ihr sanftes Wissen um Geburt, Krankheit und Tod - oft auch gegen die patriarchalische Medizin. Heute entdecken wir sie wieder, zum Beispiel: Medea; Trotula, eine Ärztin im Mittelalter; Mashudu, die weiße Zauberheilerin; Florence Nightin-gale, u.v.a.

Schwestern der Großen Göttin

ausgewählt und vorgestellt von Marina Grünewald
128 Seiten, gebunden, Format 14,8 x 18 cm
mit zahlr. Schwarz-Weiß Abb., ISBN 3-926374-84-5

Alles begann mit der Großen Göttin, Die uralten matriarchalischen Religionen und Kulturen gebaren immer neue Göttinnen - die Schwestern der Großen Göttin. Heute gibt es keine neuen Göttinnen mehr, und so schauen wir sehnsuchtsvoll zurück und erinnern uns an die Erdgöttinnen und Himmelsköniginnen vergangener Zeiten, u.a. an: Die Große Mutter von Malta; Ursula, Heilige und keltische Bärengöttin; Ischtar; Sara la Kali, die Zigeunerheilige; Maria, die Himmelskönigin; Fatima, Mohammeds legendäre Tochter; Mutter Meera.

Claire Avalon

Die Weiße Bruderschaft EL MORYA: Was ihr sät, das erntet ihr!

256 S. brosch. ISBN 3-926374-59-4

EL MORYA, Aufgestiegener Meister und Herrscher des Ersten Strahls, zeigt in diesem Buch über Karma sehr anschaulich, daß es keinen strafenden Gott gibt, sondern jede Seele für das verantwortlich ist, was ihr widerfährt und daß jedes noch so kleine oder große Problem seine Ursache hat. Vor allem läßt er uns spüren, daß der Vater allen Seins mit unendlicher Güte und Liebe auf die Rückkehr jeder Seele wartet. Auch für Therapeut/inn/en ein wichtiges Buch.

Barbara Vödisch

Lady Nada: Botschaften der Liebe

196 S., DIN A 5, Softcover, ISBN 3-926374-75-6

Hier ist die Antwort aus der geistigen Welt zu einem Thema, das die Menschheit seit jeher bewegt hat.
Nada, Aufgestiegene Meisterin, spricht über das Thema Liebe in all seinen Facetten: Die Liebe zu sich selbst und zu anderen; zu Pflanzen und Tieren; Kontakt mit der geistigen Welt - das sind nur einige Themen dieses Buches, aus dem so viel Liebe strömt, daß einem bei der Lektüre ganz warm und das Herz ganz weit wird.

Leahs Liebeszauber

ausprobiert und für gut befunden von Leah Levin

64 S., DIN A 6, geb., ISBN 3-926374-76-4

Leah Levine, bekannt aus Funk und Fernsehen, weiht uns in die Geheimnisse der Magie der Liebe ein - Kerzenzauber für die Liebe, Harmoniezauber in Partnerschaften, Trennungszauber, Zauber gegen Fremdgehen usw. - ein wahrlich zauber-haftes Buch über das schönste Thema der Welt.

Das Echte Keltische Baumhoroskop

ausgegraben von Bertram Wallrath

ISBN 3-926374-60-8

Jeder Mensch ein Baum oder Bäume lügen nicht? Das keltische Baumhoros-kop zeichnet menschliche Eigenschaften in ihrer Zuordnung zu unseren Bäumen als faszinierende Alternative zu den uns vertrauten Tierkreiszeichen.

Der indianische Weg

erspäht und ausgekundschaftet von Peter-Whiteheart

64 Seiten, DIN A 6. gebunden

Auf die Frage von Peter Whiteheart, der lange Jahre in den USA gelebt hat und seinen Namen dem Apache-Schamanen EagleBear verdankt: „Was können wir tun, um die Erde und uns selbst wieder ins Gleichgewicht zu bringen?“ hat ihm dieser geantwortet: „Geh den indianischen Weg!“
Der Autor ist diesen Weg gegangen. Mit Meditationen und Übungen zur Heilung von Mensch und Erde gibt er uns die Chance, diesem Weg zu folgen.

Varuna Holzapfel

Das Hexeneinmaleins - Weg einer Einweihung

128 S. brosch. ISBN 3-926374-54-3

Du mußt verstehn! Aus Eins mach' Zehn, ...
Das Hexeneinmaleins ist ein uralter schaman. Einweihungweg und wurde im Mittelalter verschlüsselt, um ihn vor der Inquisition zu retten. Bei ihrer schaman. Einweihung sah die Autorin in einer Vision ein geöffnetes Buch vor sich - die Lösung dieses uralten Rätsels.

Varuna Holzapfel

Einweihung in das Hexeneinmaleins

128 S. brosch. ISBN 3-926374-55-1

Praktisches Arbeiten mit dem Hexeneinmaleins im Kreislauf des Lebens:
Geburt, Wasserweihe, Visionssuche, Einweihung in einen Geheimbund, heilige Hochzeit, Schwangerschaft u.v.m. Zeremonien und Rituale zur Einstimmung auf die Feste begleiten die einzelnen Abschnitte.

Leah Levine

Licht und Schatten der Magie - Wege für ein magisches Leben

196 S. brosch.
ISBN 3-926374-65-9

Licht und Schatten der Magie ist die kritische Auseinandersetzung mit theoretischen und praktischen Formen der Magie. Die Autorin ist seit 19 Jahren praktizierende Magierin und Hexe und hat in dieser Zeit viele Aspekte ihres Genres kennengerlernt. Das Buch bietet Wege in die magische Praxis mit vielen Ritualen und Anrufungen.